· 北京联合大学电子商务国家级一流本科专业建设支持项目

大学生互联网+创新创业优秀案例选辑

（第二辑）

College Students' Internet + Innovation and Entrepreneurship Excellent Cases II

李丹丹　李立威　主编

中国经济出版社
CHINA ECONOMIC PUBLISHING HOUSE
·北 京·

图书在版编目（CIP）数据

大学生互联网+创新创业优秀案例选辑. 第二辑 / 李丹丹，李立威主编. -- 北京：中国经济出版社，2023.5

（"北京联合大学电子商务专业学生科技竞赛及创新创业专业竞赛案例集"丛书）

ISBN 978-7-5136-7282-5

Ⅰ. ①大… Ⅱ. ①李… ②李… Ⅲ. ①大学生-创业-案例-中国 Ⅳ. ①G647.38

中国国家版本馆 CIP 数据核字（2023）第 064658 号

责任编辑　邓媛媛
责任印制　马小宾
封面设计　任燕飞工作室

出版发行　中国经济出版社
印 刷 者　河北宝昌佳彩印刷有限公司
经 销 者　各地新华书店
开　　本　710mm×1 000mm　1/16
印　　张　12.25
字　　数　181 千字
版　　次　2023 年 5 月第 1 版
印　　次　2023 年 5 月第 1 次
定　　价　78.00 元
广告经营许可证　京西工商广字第 8179 号

中国经济出版社 **网址** www.economyph.com **社址** 北京市东城区安定门外大街 58 号 **邮编** 100011
本版图书如存在印装质量问题，请与本社销售中心联系调换（联系电话：010-57512564）

大学生互联网+创新创业优秀案例选辑（第二辑）
编写委员会名单

主　编　李丹丹　李立威

委　员　（按姓氏笔画排列）

丁庆洋　马丽仪　王晓红　田　玲

牟　静　李　慧　李英侠　庞贝贝

郭凤英　黄　艳　盛晓娟　常金平

董　爽　裴一蕾　薛万欣

总序

PREFACE

创新创业是国家发展之根、民族振兴之魂。大学生就业、创业服务事关经济发展和民生改善大局，关乎社会稳定。创新创业教育已成为推动和深化高等教育综合改革的突破口，并将对中国高等教育的发展产生深远影响，同时也为推动“大众创业、万众创新”和建设创新型国家提供人才支撑。然而，2015 年国务院在《关于深化高等学校创新创业教育改革实施意见》中指出目前创新创业教育存在的问题：创新创业教育理念滞后，与专业教育结合不紧，与实践脱节，教师开展创新创业教育的意识和能力欠缺，教学方式方法单一，针对性、实效性不强等。意见中，明确提出各高校要根据创新创业教育的目标要求促进专业教育与创新创业教育的有机融合。

专业是人才培养的基本单元，很多高校将创新创业教育视为对少数具有创业意愿、创业理想的学生开展的教育，没有将创新创业教育融入整个专业人才培养体系，出现了创新创业教育与专业教育“两张皮”的状况。针对创新创业教育与专业教育割裂的问题，北京联合大学电子商务专业探索了“教赛研一体、科教创贯通”的融合路径，着力开展创新创业实践活动，教赛研结合，专业教育与创新创业教育有机融合，激发学生创新思维，学生创新创业与实践能力明显提升，人才培养成果显著。北京联合大学电子商务专业以双创竞赛为抓手，以教师科研促学生竞赛，将教师科研优势转化为学生创新创业优势；以竞赛促教学，实行项目驱动式教学，实现竞赛作品和课程作业的相互转化；以竞赛促创新创业，将竞赛项目转化为学生论文、专利和创业项目等成果，科研、教学和创新创业贯通融合，师生共赢共创。近5年在“挑战杯”全国大学生课外学术科技竞赛、全国高校互联网+创新创业大赛、全国大学生电子商务“创新、创意及创业”挑战赛、中国大学生服务外包创新创业大赛等由教育部、商务部、共青团中央等主办的国内具有影响力的创新创业比赛中，屡获佳绩，获得国家级奖励12项，省部级奖励超过100项，2015年到2017年连续3年获得全国大学生电子商务“创新、创意及创业”挑战赛全国特等奖，竞赛成绩在北京市高校中名列前茅，在全国具有一定的影响力。

“北京联合大学电子商务专业学生科技竞赛及创新创业专业竞赛案例集”丛书以学科竞赛为导向，汇集了近10年来专业教师带领学生在学科竞赛和创新创业竞赛中获奖的项目。案例鲜活而生动，内容多元而丰富，涉及的创业行业领域涵盖互联网+旅游、互联网+教育、互联网+农业、互联网+文创、互联网+养老等，贴近新时代创客的生活和创业实际，有助于提升创客的创业能力。每个案例以创业项目策划书的形式展现，包含项目选题、项目策划、团队组织、项目孵化、项目开发技术等方面，对案例进行全方位阐述。此案例集可作为电子商务专业及其他专业创新创业类竞赛辅导教程，通过案例教学的模式，激发学生的学习兴趣。

一代人有一代人的长征，一代人有一代人的担当。过去20年，中国互联网从小到大，从大到强，在中华文明的历史长河中堪称一部创新史，未来20年互联网将成为中国软实力在全球崛起的主战场，希望当代大学生不仅作为时代的亲历者，更应该成为时代的创造者。习近平总书记给第三届中国“互联网+”大学生创新创业大赛“青年红色筑梦之旅”的大学生回信，希望大学生“扎根中国大地了解国情民情，在创新创业中增长智慧才干，在艰苦奋斗中锤炼意志品质，在亿万人民为实现中国梦而进行的伟大奋斗中实现人生价值，用青春书写无愧于时代、无愧于历史的华彩篇章”。创新、创业、创青春，希望大学生朋友们通过各种学科竞赛和创业竞赛的参与，实现以赛代练，在备赛过程中迅速成长，将想象力和学习能力释放到极致，对商业问题敏感捕捉，对社会问题深层解读，对技术难题逐一攻克，显现出作为创新型人才的基本素养和强烈的家国情怀及使命担当！

目录
CONTENTS

案例 1 近邻帮——社区共享互助平台

一、项目简介

项目基于分享经济和邻里互助理念，旨在发掘并盘活城市社区居民在实体物品、时间、知识技能等方面的闲置资源，精准对接社区居民需求，利用社区内部资源解决社区不同群体居民在物质和非物质方面的各种需求，设计基于“积分银行”的社区共享机制，打通物品共享、技能共享和互帮互助三条路径，激活社区沉睡资源，增进邻里交往，促进社区自治。

项目前期的调查显示，超过一半的居民非常愿意与他人分享闲置资源与时间、技能，验证了项目的市场需求和可行性。目前已经设计出了产品的功能和原型，搭建了微信小程序的小样。居民可以将可共享的资源、所需的服务信息发布在平台上，比如居民需要借用修理工具箱，或者需要照看宠物服务，可在共享 App 上发布需求，与拥有工具箱或者时间充裕的居民对接，实现资源分享和互帮互助，并解决了居民的持续参与动力问题。

项目已经与北京市朝阳区麦子店街道、朝阳区建国门街道达成了初步合作意向，所在学院 2017 年与麦子店街道成立了“麦子店社区治理研究基地”，为推进项目落地提供了支持。

二、团队成员简介

韩童：北京联合大学管理学院电子商务专业2017级本科生。

范紫薇：北京联合大学管理学院电子商务专业2017级本科生。

周述梦：北京联合大学管理学院财务管理专业2017级本科生。

张紫怡：北京联合大学管理学院电子商务专业2017级本科生。

苏欣雨：北京联合大学管理学院电子商务专业2017级本科生。

李立威（指导教师）：北京联合大学管理学院电子商务专业负责人，博士，教授，硕士研究生导师，中国商业经济学会理事。研究方向：数字经济。

三、项目策划书概要

（一）项目概况

1. 项目名称

近邻帮——社区共享互助平台。

2. 项目背景

在互联网和分享经济快速发展的背景下，本项目将分享经济的理念应用到社区，通过资源共享促进社区居民交流，营造互帮互助的社区氛围。

在大型城市中，由于人口密度高，资源供应不足。一方面，年轻群体、三口之家、老年人等不同群体的社区居民面临着健康饮食、交通出行、孩子照看、物品临时使用、照顾陪伴老人等多样化需求，这些需求未能得到有效满足，如表1-1所示；另一方面，社区中同时具有大量闲置的资源和使用频率较低的各种物品，如图书、玩具、户外与体育用品、衣服、使用频率较低的工具等物质资源；也有知识、技能、时间等非物质资源的闲置，如摄影、照看宠物、儿童教育、体育运动、英语、烹饪烘焙、舞蹈、绘画等专业技能，这些资源未得到有效利用。因此非常有必要建立社区资源共享服务系统，整合社区内部闲置资源，精准对接供需双方，方便社区居民将闲置资源和技能转为可以解决居民多元需求的新的资源。

表1-1 社区典型群体居民需求

群体	需求痛点
年轻无孩子群体	出行交通拥挤、缺少健康的家庭饮食、工作忙，无暇顾及家庭
年轻父母群体	停车困难、工作原因无法照顾孩子、孩子缺少陪伴和玩伴、家中玩具和衣物堆积
帮助带孩子的老年人	孤独、缺少交流、带孩子时行动不便
三代同居的家庭	忙碌的生活、环境不舒适、生活压力大、同时照顾老人和孩子
独居的中老年人	缺少陪伴和照顾，家庭简单的修理、搬运重物等事务都难以应付

3. 项目意义

（1）实现社区居民之间资源和技能共享

搭建社区互助和共享平台，实现社区居民之间资源和技能共享，探索互联网+背景下居民之间互惠互利、互相服务、互为资源、互为支持、互帮互助的“社区交往和治理模式”，构建“人人为我、我为人人”的温情互助社区。方便居民生活，促进社区居民交流，架起不同群体之间联络沟通的桥梁，改善社区居民之间人际关系淡漠的现状，构建和谐的邻里关系，增强居民对社区的认同和归属感，打造互助温馨的社区文化，提升居民幸福感，维护社会稳定。

（2）打造社区内垂直可信的互动平台

通过平台及时发布社区相关消息，对社区居民、街道办和居委会、社区周边的商业服务的资源进行整合，促进社区居民、街道办和居委会等政府机构、社区周边商业三者之间的沟通和良性互动，促进社区治理，助力智慧社区建设。

4. 商业模式

基于分享经济和邻里互助理念，发掘并盘活城市社区居民在实体物品、时间、知识技能等方面的闲置资源，分析通过物品共享、时间共享和技能互助方式解决社区老年人、年轻无孩子群体、有孩子年轻父母群体、赋闲在家人群等不同群体居民在物质和非物质资源方面的各种需求的可行性，设计基于“积分银行”的社区共享机制，开发基于分享经济和邻里互助理念的社区共享互助系统，增进邻里关系，消除社区隔阂，提升居民幸福感，打造邻里守望相助的社区生活共同体。

（1）商业模式画布

本项目的商业模式画布如表 1 –2 所示。

表 1 –2　商业模式画布

<table>
<tr><th>重要伙伴</th><th>关键业务</th><th>价值主张</th><th>用户关系</th><th>目标客户</th></tr>
<tr><td rowspan="3">社区居民
社区微信群群主、党员、广场舞大妈等社区意见领袖
街道办、物业
社区周边商铺和机构</td><td>小程序设计；
爱心积分机制设计</td><td rowspan="3">设计基于“积分银行”的社区共享机制，实现物品共享、技能共享和互帮互助，精准对接需求和资源，激活社区沉睡资源，增进邻里交往，促进社区自治</td><td>社区线下活动
社区资源共享
社区互帮互助</td><td rowspan="3">年轻父母
独居的中老年人
上班工作的职场新人</td></tr>
<tr><th>核心资源</th><th>渠道通路</th></tr>
<tr><td>社区和街道办资源</td><td>小程序、公众号、微博、QQ群、微信群等</td></tr>
<tr><th colspan="3">成本结构</th><th colspan="2">收入来源</th></tr>
<tr><td colspan="3">技术开发、社区推广</td><td colspan="2">广告费、爱心积分、社区拼团</td></tr>
</table>

（2）目标客户

经过分析发现，社区闲置的资源包括物质类和非物质类。物质类，主要是家庭物品，如闲置儿童玩具与图书、不穿的衣物、饰品，使用频率较低的家用工具箱、旅行箱、打印机、相机、游戏机、户外与体育用品等。非物质类，主要包括时间、技能、知识、劳务服务等资源。物品类资源主要与使用的频率和使用时段有关；车位空间和劳务主要与时间因素有关；知识技能类则和个人的兴趣爱好及职业背景存在着关联。

①年轻父母

在当代社会，大多数年轻父母正承受着“上有老，下有小”的家庭经济负担，忙于工作的他们总是会疏忽孩子的成长，孩子没有玩伴，他们也没有时间停下来跟孩子交流感情。通过我们的平台，策划家长们和孩子们一起外出游玩。孩子与孩子之间不仅增进了友情，也有了同伴；孩子与家长之间增进亲情，消除隔阂；邻居之间的关系也更加密切。

②独居的中老年人

独居的中老年人拥有大量的空闲时间，由于长时间经历无人陪伴的孤独，生活缺少乐趣，所以他们也愿意为自己找点儿事干。通过参与社区互助平台的活动，与邻居一起聊聊天，一起锻炼身体，消除孤独感，互相增进感情。因此，无论是从娱乐的角度还是健康的角度，社区共享互助这个平台都是他们极佳的选择。

③上班工作的职场新人

职场新人大部分时间都在公司度过，对于快节奏、高压力的白领来说，可通过本平台寻找属于自己的晚饭，即使在加班过后，也有一顿热气腾腾的饭菜等着他们；在周末闲暇之余，也可以邀请邻居来共享晚餐，大家聚到一起也能交流工作技能和经验；除此之外，还可以一起去健身，增加邻里互动，促进彼此的关系。

项目实施的典型场景如表1－3所示。

表1－3　典型场景分析

群体	场景
年轻无孩子群体	当自己需要代步工具时，可打开“近邻帮”查看社区内是否有同一时段顺路者；当自己想要吃健康饭菜而自己不会做时，可通过“近邻帮”寻找社区内有无分享美食的家庭
年轻父母群体	当周末闲暇时，可通过“近邻帮”组织或查看一场社区亲子活动；当家中有老人或小孩需要照看时，可通过“近邻帮”向社区有经验者请求帮助
帮助子女带孩子的老年人	当照看孩子行动不便时，可通过“近邻帮”向社区有经验者请求帮助；当想给孩子找玩伴时，可以在“近邻帮”上寻找是否有同样需要玩伴的孩子
独居的中老年人	当无聊孤单时，可通过“近邻帮”寻找是否有同样需求的居民可以结伴开展一些活动；当有一些力气活需要干时，可在“近邻帮”上寻找有空闲时间的年轻人来帮助自己
社区居民共同体	当自己拥有或需要空闲工具时，可打开“近邻帮”发布或查看这些闲置物品；当想要购买吃食、日常用品等，可查看“近邻帮”是否有该物品的拼团活动或优惠

5. 项目创新点

（1）激活社区沉睡资源，精准对接需求和资源

当前的共享经济主要还是在线上进行，基于陌生人之间，把共享经济推广到社区，让社区居民能够把自己闲置不用的物质和非物质资源拿出来进行交换，提高资源的利用率，这可以大大减轻城市发展过程中面临的各种资源紧张的问题，同时推动社区居民交往，推动城市社区更好地建设与发展。从社区本身的角度看，社区区域面积有限，社区成员较为固定，社区居民相对于陌生人彼此之间更容易建立信任，在小区成员间进行资源共享相对于异地交换，更容易建立信任，同时消耗更少的运输成本和能源。

（2）基于“积分银行”探索“社区分享互助模式”，增强居民持续参与的动力

共享经济的文化基础是分享合作互助，以社区积分作为媒介，实现社区内部服务的互换，这就意味着为别人提供服务的同时，也是为自己服务。通过设计基于积分银行的共享机制，解决居民共享和互助的动力问题，探索居民之间互惠互利、互相服务、互为资源、互为支持、互帮互助的“社区互助和分享模式”，打造互助温馨的社区文化，能够提升居民幸福感。

（3）打通物品、时间、技能共享之间的路径，促进社区邻里交往和社区自治

针对社区群体异质性和资源、技能多样化特点，打通社区居民之间物品共享、技能和时间共享的路径，在社区居民互相信任的基础上，充分利用家中闲置资源或发挥个人技能特长，打通供应和需求两端，促进邻里之间互助共享，形成信任、共享、互助的良好氛围，打造温情互助的社区氛围，促进社区邻里交往和社区自治。

（二）市场分析

1. 市场可行性分析

（1）国外社区共享互助发展概况

国外社区发展较早，尤其是西方国家，他们在社区发展中取得了丰富的

成果。“社区共享互助发展”这个概念就是美国社会学家法林顿提出的。早在欧洲工业革命结束后，工业国家为应对工业发展带来的社会问题，对原有社会福利和社会救济制度进行了改革，越来越多地体现为调动社区居民积极性、增进社区福利的基本精神。1765—1832 年，德国就先后实行了微薄的福利制度，鼓励社区成员参加社会福利工作。这一进程演变到 20 世纪初左右，在英法等欧洲国家和美国出现了一场更广泛的“睦邻活动”和“社区福利中心”运动，其主要内容是充分利用社区人力物力资源，培养社区成员的自治精神和互助精神。例如，美国社区管理模式是共享型自治。美国社区管理员虽然在实施理念上同北欧等国家一样采取自治，但它的形成渠道和具体实施方式与北欧有所不同，其理念是在自愿社团团体影响下的“地域归属与文化共享”的自治，虽然社区也有地域方位的区分，但他们的范围要超出个人狭义理解的生活区，居民没有一种受制于特定社区的感觉，相互之间共享着某种地域归属和文化价值。

分享经济源于古老的邻里分享及互助，其回报多是社区温情和感谢，甚至是无须感谢的自我成就和助人为乐的感觉。共享经济在社区的应用，即共享社区。共享社区最早从丹麦等北欧国家兴起，主张邻里之间重要的是相互支持、了解以及分享。20 世纪 60 年代起源于丹麦的联合居住是现代共享社区的最早雏形。当时丹麦的一些家庭认为房屋及社区制度无法满足居民照顾孩子的需求，首个现代共同住宅计划 Saettedammen 在 1967 年组建了约 50 个家庭的一个理念社区。此外也出现了协助职场妈妈或者单亲父母育儿工作的共住模式，随着高龄社会来临，共同看护也成为一种生活方式。在过去的二十年时间里，这种模式扩展到了欧洲很多国家，也传到了北美洲和澳大利亚。现在，在全美范围内，形成了很多秉持这种理念的社区。在英国，斯特劳德市的斯普林希尔社区引领风潮，成为英国的第一个共享社区。澳大利亚也兴起了共享社区，社区成员定期举行聚会，还举办跳蚤市场，可以把自己用不着而仍有价值的东西拿来和其他人交换。

在韩国首尔，社区里面的人可以去登记他们认为可以共享出来的东西，政府或者社区可以提供一些经济方面的帮助。

随着互联网的发展，传统的线下分享模式开始逐渐拓展到线上。成立于2010年的美国Nextdoor是社区共享和互助的典型平台，邻里之间可以方便地互通有无，目前已覆盖全美超过53 000个社区，此外其一直以来也非常强调邻里间的安全和互助问题，平台上同时引入了多个政府机构入驻，在特定的区域发布防盗、犯罪、公共设施停运维修等有用的信息。

（2）国内社区共享互助发展概况

在中国，随着时代的快速发展，受时间、空间等因素的影响，家庭养老、健康饮食、交通出行、物品购买、孩子照看接送、物品临时使用这些问题日益凸显。

邻里间互享美食、互帮互助，天津市河东区福东里社区的居民们根据社区基本情况，自创互助社区养老平台，开创了共享养老的新模式。据悉，福东里社区大多是一些赋闲在家的居民，有些人拥有烹饪和家政护理的手艺，但是却苦于无处施展。获知此消息，河东区民政局结合福东里社区现状，引入专业互联网公司，凭借专业团队搭建起社区网络互助平台，社区居民可在平台上选择如烹饪、家政、护理等形式多样的社区服务。借助社区网络互助平台，社区居民之间就可以实现共享资源和技能。同时，为了保证平台提供的服务到位，社区居委会成员、党员、楼门长等还成立了运营监督委员会，不定期地对厨房卫生、卫生证等情况进行核实和检查。

在中国上海一些小区也开始了社区资源共享的试点，兰岭园是一个超大型老式小区，居民以老年人为主。在小区的“久龄家园”活动室一楼，醒目地张贴着一张名为“兰岭号”的“同心巴士中转站”地图，这张地图就是小区推出的共享物品地图，由居委会牵头汇总小区闲置物品资源，把一些平时不常用，但偶尔又需要应急的东西，在地图上予以公布，并保持实时更新。地图上清晰地标注了兰岭园每一幢楼的号码、位置，标牌上的图案则表明这幢楼里有哪些东西可以共享，其中黄色标牌代表物品可出借，绿色标牌代表物品可赠予。

广东省佛山市禅城区开发了共享社区App，将居民群众可共享的资源、所需的服务信息发布在平台上，“需求清单”和“服务清单”可在系统上智能对接，共享行为简化为“掌上动作”，以“大数据、微服务”为突破口，打造镇街层面的服务枢纽，统筹共享各类民生服务资源，“爱心课堂”“平安通”“居家养老”“长者饭堂”“救济帮扶”等180余项社区专项服务，全部纳入共享服务网络。

2. 政策可行性分析

（1）国家出台一系列政策支持

2017年6月，中共中央、国务院出台了《关于加强和完善城乡社区治理的意见》，提出把服务居民、造福居民作为城乡社区治理的出发点和落脚点，坚持依靠居民、依法有序组织居民群众参与社区治理，实现人人参与、人人尽力、人人共享，并倡导形成与邻为善、以邻为伴、守望相助的良好社区氛围，实施“互联网＋社区”行动计划，加快互联网与社区治理和服务体系的深度融合，运用社区论坛、微博、微信、移动客户端等新媒体，引导社区居民密切日常交往、参与公共事务、开展协商活动、组织邻里互助，探索网络化社区治理和服务新模式。设计研发面向社区的居民资源共享系统，与国家社区治理的政策导向一致，通过互助式的资源共享，可以服务居民，促进社区居民交往，在社区内形成守望相助的良好氛围。

党的十九大提出，要加强社区治理体系建设，推动社会治理重心向基层下移，发挥社会组织作用，实现政府治理和社会调节、居民自治良性互动，打造共建共治共享的社会治理格局。

基于分享经济和邻里互助理念，设计研发面向社区的居民资源共享系统，通过互助式的资源、技能和时间共享，不仅可以服务居民，还可以促进社区居民交往，在社区内形成守望相助的良好氛围。项目符合国家和北京市关于分享经济和社区治理等相关政策精神。

（2）现实基础

北京作为特大型城市，由于人口及相关要素向城市过度聚集，引起了一系列影响生活与城市可持续发展的突出性城市问题，如人口膨胀、资源短缺、环境恶化、住房紧张、交通拥堵等，这些问题的解决，需要创新理念和模式。分享经济与“创新、协调、绿色、开放、共享”的发展理念完全契合，是解决北京城市发展问题的有效手段之一。

小区共享模式越来越受到北京市社区居民欢迎。除了最常见的跳蚤市场等线下交换模式外，有非常多的小区通过微信群、QQ 群等实现信息交流和线上资源共享。这种共享模式，北京很多社区都在应用。

（3）资源支持

项目已经与北京市朝阳区麦子店街道、建国门街道达成了初步合作意向。2017 年 6 月 24 日，北京联合大学管理学院与麦子店街道正式签约，成立了“麦子店社区治理研究基地”，共同主办了“和谐宜居之都建设与社区治理创新学术研讨会”。依托于麦子店街道在社区治理方面取得的典型经验，北京联合大学管理学院已经在人才培养、科学研究、社会服务等多方面与之开展合作，共同探索，开展社区治理创新实践探索与理论研究。与麦子店街道的深入合作，为本项目开展调研、产品应用示范提供了支撑。

3. 竞争对手分析

（1）超级社区

实现消费者立买立得的愿望，根据小区定位寻找附近的商家，下单完成配送。平台上面有周边商家的界面和商品信息，下单完成后商家直接送货上门，并且提供一些可以在周边商家消费使用的优惠券。为同一地区的居民和商户搭线，可以让居民足不出户地获得想要的商品。值得一提的是这个平台有可以申请社长来给大家联系、协调的功能。假冒伪劣产品在超级社区这个平台上是无法生存的，每位消费者都是通过社长来购买平台上的产品，邻居们随时可以找到社长，社长又可以随时在超级社区体系内进行信息反馈，不好的产品瞬间就被发现、被清理，它也可以进行定制服务。超级社区平台上的商品在很多时候是由他们的创始人亲自考察对接的一手货源商品。

（2）区区小事

区区小事的定位是社交平台，在上面可以做微商，提供有偿服务，为小微商户提供了一些途径。另外，社区居民可以在该平台上进行交流和沟通，在社区里发布动态。这种模式能够帮助大家找到更多的共同爱好，脱离现在的社交模式，交到更多的朋友，还可以上传日常生活视频和图片。区区小事是一个以社交为主的平台，居民可以在平台上进行直播并且分享直播房间，也可以在聊天室里一起聊天，同时，还将有机会成为自营商户，体验小区创业新模式，这对拉近居民之间的距离很有帮助。

（3）和谐共享社区

和谐共享社区的基本功能是以党建工作、发挥党员带头作用为主要工作，居民之间互相帮助、信息共享，打造和谐共享社区、智慧党建服务平台。另外，平台上的技能共享是以志愿、有偿的方式为大家提供服务的，对志愿服务、物品和技能共享实施的全过程进行记录，并且引入积分制度，实现服务项目、资源与信息的多平台交互和同步。它的特点是依靠党员的模范带头作用，发挥各自优势，推动区域内党建工作融合发展。

由上述分析可知，目前市面上的社区平台与我们相似的并不多。我们平台的方向与现有的这些社区平台都有所不同，且具有一定优势。这些产品基本是在某一方面有所侧重，服务对象也比较单一，而我们的服务对象不再局限于某一类居民群体，而是面向全体有需求的社区居民，为其提供一个功能齐全的平台。打破以往的利益性质，在社区里分享的资源、时间、技能等都会变成个人的收益，也许它不一定是物质收益，但是它可以用来实现个人的需求，以一种虚拟货币或时长的方式来实现居民间闲置资源的互换、流动。另外，我们的平台在最终目的上与其他平台有根本上的不同，他们基本上是为了给居民提供一种便利的生活，由某一个或者某一群人领导，而我们在给居民搭建一个平台、提供便利生活、满足居民需求的同时，实现居民的自治管理和运行。因此我们与其他平台也许有一些潜在的竞争，但是并不冲突。

（三）市场调研

1. 用户访谈

此次访谈面向社区家庭，调研时间为2019年3月10日。用户访谈回馈如下。

（1）20—29 岁年龄段社区成员

访谈日期：2019 年 3 月 10 日

受访人数：6

受访对象：大学生、在职人员

所有访谈对象都认为社区共享是有价值、有意义的。大部分人家里有书籍、衣物及小孩不用的玩具等闲置物品，可以进行共享的技能是教小孩子绘画、照顾老人、做饭等。所有人均有时间进行共享服务，每个人都愿意积极响应社区号召并推荐身边的人参与，大部分人想用获取的社区积分换取知识、服务，最倾向于的奖励形式是优先使用共享资源的权利，所有人都认为这种社区共享资源模式是有利的，既可以促进资源的再利用又能增进邻里沟通交流。

（2）30—39 岁年龄段社区成员

访谈日期：2019 年 3 月 10 日

受访人数：4

受访对象：家长

所有访谈对象都认为社区共享是有价值、有意义的。大部分人家里有书籍、衣物及小孩不用的玩具等闲置物品，可以进行共享的技能是做针线活、修电脑、装宽带。所有人可以提供共享服务的时间均为周末和假期，每个人都愿意积极响应社区号召并推荐身边的人参与。大部分人想用获取的社区积分兑换日用品等，最倾向于的奖励形式是优惠券或现金，所有人都认为这种社区共享资源模式是有利的，大大提高了资源的利用率。

（3）40—49 岁年龄段社区成员

访谈日期：2019 年 3 月 10 日

受访人数：6

受访对象：家长

所有访谈对象都认为社区共享是有价值、有意义的。大部分人家里的闲置物品为孩子书籍、衣物及其他一些家庭用品等，可以进行共享的技能是做饭、针线活、带孩子等。所有人均有空闲时间进行共享服务，每个人都愿意积极响应社区号召并推荐身边的人参与。大部分人想用获取的社区积分兑换优惠券，所有人都认为这种社区共享资源模式是有利的，能促进邻里和睦。

（4）50岁及以上年龄段社区成员

访谈日期：2019年3月10日

受访人数：4

受访对象：家长

所有访谈对象都认为社区共享是有价值、有意义的。大部分人家里的闲置物品为衣物及生活用品等，可以进行共享的技能是做饭、做针线活或给老人唱歌、读书等。所有人均有空闲时间进行共享服务，每个人都愿意积极响应社区号召并推荐身边的人参与。大部分人想用获取的社区积分兑换物业费、日用品等，所有人都认为这种社区共享资源模式是有利的，能促进资源利用，让社区的人更加团结。

2. 社区问卷调研

为了更好地了解小区不同家庭兴趣爱好和资源闲置情况，以及用户的需求，项目通过问卷进行了市场调研，通过问卷网等网络平台，面向社区家庭发放，调研时间为2019年2月11—25日，共回收有效问卷205份，其中男性有效填答51份，占比24.88%；女性有效填答154份，占比72.15%。在年龄方面，少年（17岁及以下）有效填答8份；青年（18～30岁）有效填答77份；中青年（31～44岁）有效填答59份；中年（45～59岁）有效填答11份；老年（60岁及以上）50份。

经过此次问卷调查及用户访谈，对社区居民基本信息、基本需求、物品分享、技能分享、时间分享、使用意愿等做了详细的调查。通过上述的调查问卷及访谈，我们发现大部分的社区居民们是渴望有这样一个平台来解决家中闲置资源和社区邻里关系问题，并且大部分的居民十分愿意与他人分享家中的闲置物质资源和自己的技能资源，说明本项目有非常强的市场可行性。

（四）实施平台

1. 需求分析

基于对居民用户调研结果的分析，我们预想做一款名为“近邻帮”的小程序。该小程序的核心功能是将居民闲置的资源、时间、技能充分地利用到社区的建设之中去，使赡、食、行、幼、娱等社区集中问题得到妥善解决，将邻里相望、鸡犬相闻的美好愿景变成现实。实现人人参与、人人尽力、人人共享，打造与邻为善、与邻为伴、守望相助的良好社区氛围。

2. 业务逻辑

近邻帮以小区居民的生活幸福感为出发点，切实为居民解决生活中的繁杂琐事。社区居民通过自身闲置资源、时间和技能为他人提供服务，从而得到相应的积分，而这些积分也可以换取更多的服务和各种折扣。这就意味着为别人提供服务的同时，也是对自己的服务的一种积累。具体业务逻辑如图 1 - 1 所示。

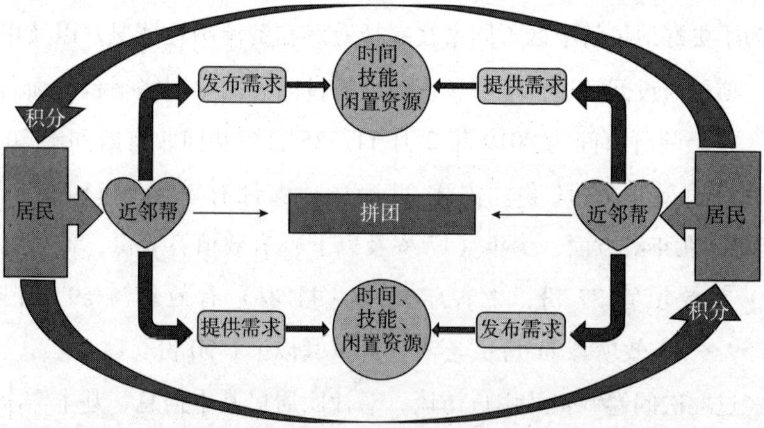

图 1 - 1　业务逻辑

3. 功能设计

近邻帮小程序的功能如图 1 - 2 所示，主要有“活动开展”“社区拼团”“积分银行”“社区服务”“我的”五大功能，每个功能下又设计了其子功能。

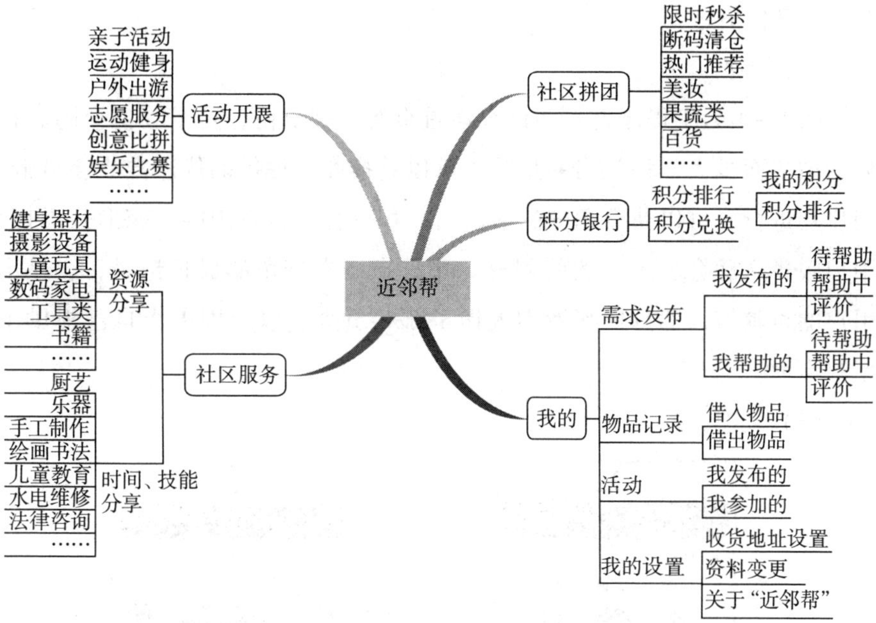

图1－2　功能设计

4. 界面设计

（1）注册登录

图1－3　注册登录页面

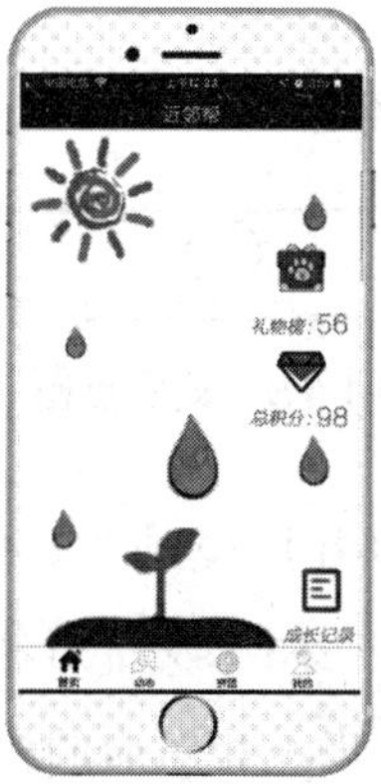

图1－4　首页

图1－3是用户注册界面，需要用户实名认证，填写个人信息，填写正确验证码，即代表注册成功，若想实现所有功能，用户必须进行精确定位，系统会自动定位到所在小区，用户需要手动输入楼号、门牌号，并补

全个人其他信息。

(2) 首页

图1－4为小程序首页，该界面首页有一棵豆苗，这个豆苗会随着积分的增多而长大，每长出一片叶子可以兑换商户提供的优惠券或会员卡。用户在进行了可以获得积分的活动后，积分会以首页中的水滴形式出现，用户收集之后会加入“我的积分”中。点击右下角的成长记录，会显示用户的贡献值，即具体帮助别人做了哪些贡献，以及别人为自己提供了哪些帮助。

(3) 动态

图1－5　动态页面

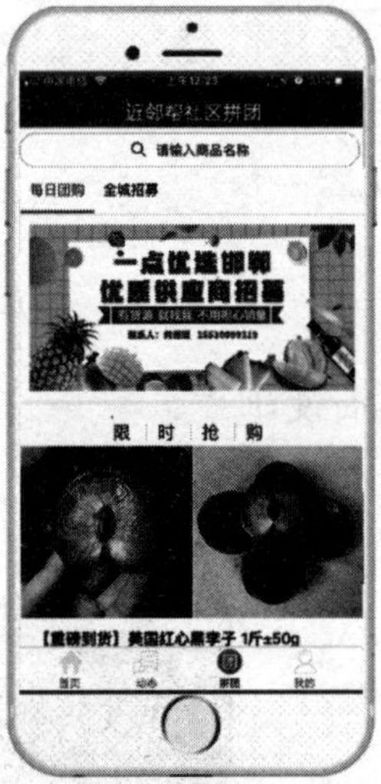

图1－6　拼团页面

动态页面如图1－5所示，该界面用于居民发布招募信息及浏览需求。上面6个图标按钮用于发布招募信息，选择你需要帮助的类型，然后具体填写需求信息，以及相对应的积分报酬，发布之后社区的居民就知道你的所需。下面的浏览页是社区居民所需要的帮助需求，如果你有能力或者资源，接单完成之后会得到相应的积分及礼物。

(4)“社区拼团”

社区拼团页面如图1－6所示，该界面里的功能用于社区邻里之间相互拼团，购买中意的商品。拼团的价格会低于单独购买的价格。所以，在有相同需求之后，向邻里发送拼团邀请，付款之后便能收到商品。

（5）“我的”

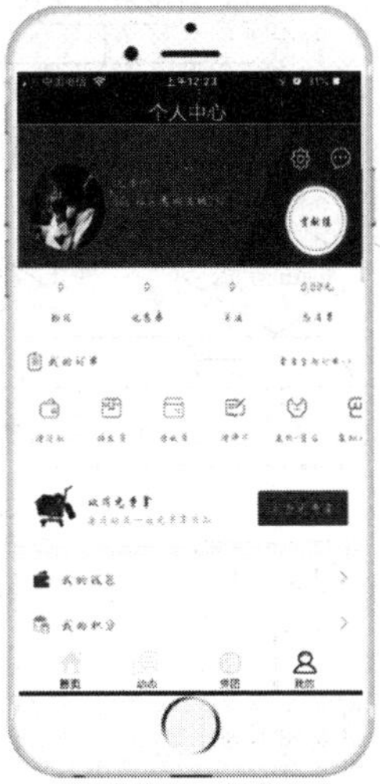

图1-7　“我的”页面

“我的”页面如图1-7所示，该界面用于用户个人信息修改及查询。通过“我的钱包”，用户可以购买社区币，通过社区币换取礼物，赠予帮助自己的居民，以表感谢。

5. 流程设计

（1）社区拼团流程设计

社区拼团主要是居民在购买物品时，对于有相同购买意愿的人设计的，居民可以在“近邻帮”的小程序上以拼团的方式得到一定的优惠，具体流程如图1-8所示。

（2）求助流程设计

针对已有的功能逻辑，具体用户在“近邻帮”小程序中不同菜单栏界面的流程也不同，具体求助流程如图1-9所示。

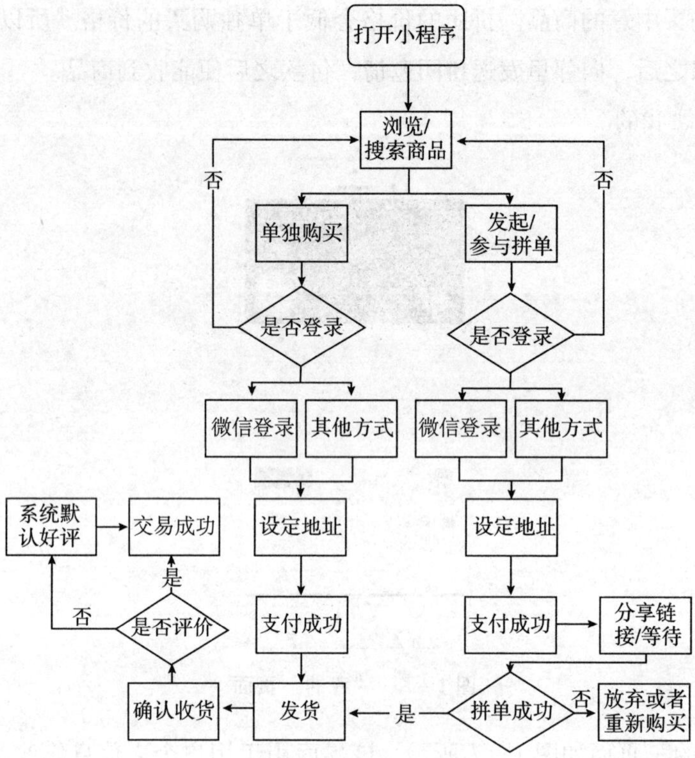

图 1－8　拼团流程图

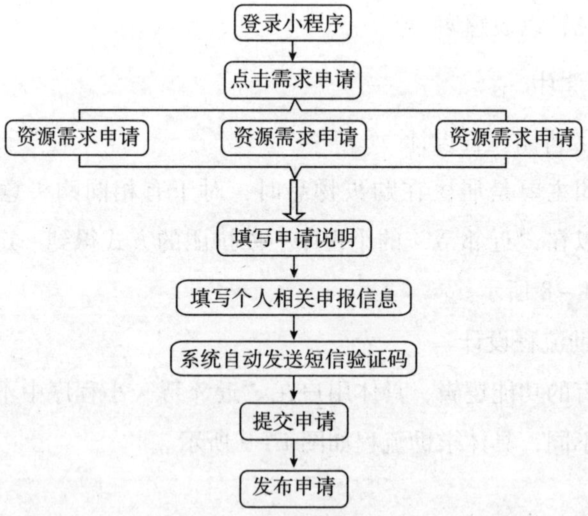

图 1－9　求助流程图

(3) 帮助流程设计

若用户已经浏览到相应的求助信息，则将向申请者发出同意申请信息，具体帮助流程如图 1－10 所示。

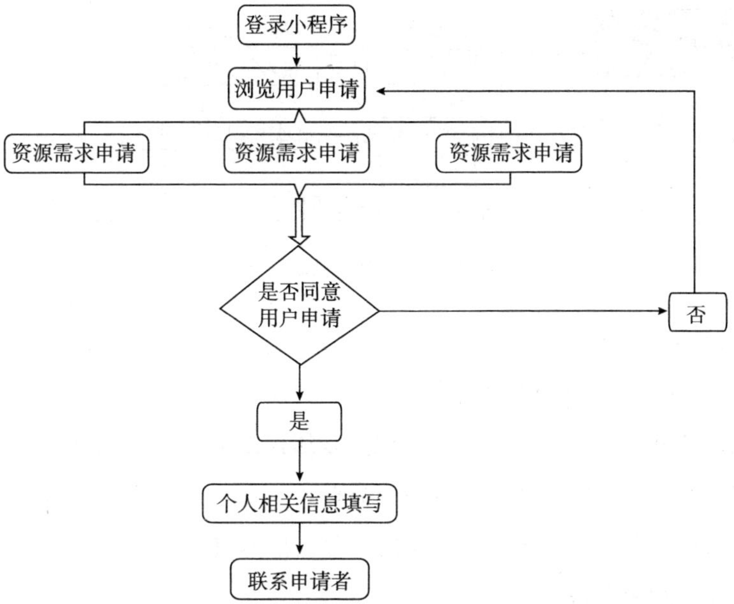

图 1－10 帮助流程图

6. 机制设计

(1) 安全机制设计

图 1－11 是“近邻帮”小程序的安全机制设计思路，其中：

个人信息安全：用户注册过程中，除了常规的短信验证和基本身份信息的填写外，还需要第三方账户的登录授权验证，如支付宝等。在选择小区时用户需要输入自己的单元号、门牌号，然后在社区管理人核对后才可进入社区内部。

支付安全：在平台进行支付时，同样使用第三方支付系统完成支付，以保证安全性同时兼具便利性。

信用机制：居民虽然在同一个小区但是相互之间信任度并不高，居民如果在共享过程中发生了违约的情况，其他居民可以对他的这种行为进行

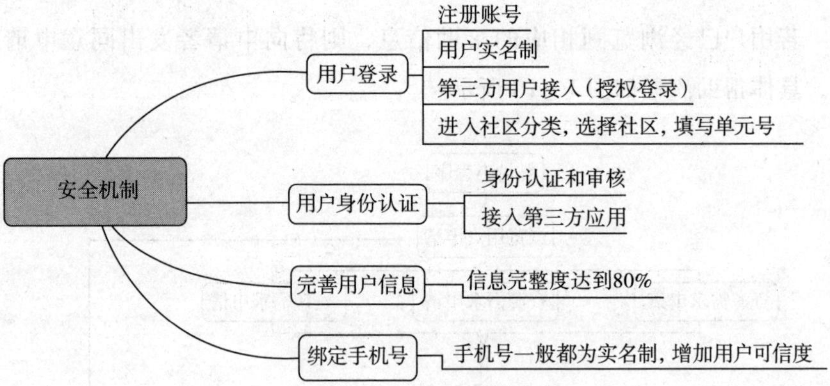

图 1－11　安全机制设计

反馈，核实后，该居民的信息评价里就会有违约记录。

（2）共享互助机制设计（积分银行）

我们的共享实现借助于积分，积分是居民之间交换的媒介。居民的技能知识、时间、闲置物品都可以用积分标价，居民通过提供帮助来获得积分，当自己需要帮助时可以用已有的积分去招募或借用物品。

①用户积分获得

在用户界面有一株豆苗，这株豆苗会随着居民互相服务的次数成长，次数越多豆苗长得越大。居民提供服务或闲置物品所得的积分会变成豆苗成长的水分，居民收集起来，积分总数在界面上显示。居民还可以查看同一社区的好友的积分排名，居民积分达到一定程度还可以获得一些称号。

②积分的使用

在社区环境下，如何进行不同的资源共享和服务交换，包括物质的物品资源及非物质的服务资源，则需要统一的交换媒介社区积分。社区积分可用货币买入，也可以通过提供分享服务获取。实际运行中，需要根据服务类型的不同制定社区积分的获得和使用标准。

③积分银行宗旨

社区居民是服务的接受者与提供者，即终端用户，社区居民通过资源共享平台，可以发布自己的服务需求，将需求信息传递给提供服务的居民。由于社区由家庭单位组成，其家庭成员之间可以共享积分，通过获取的社区积分在资源端获得所需要的服务。在这个模式下，社区居民成员以服务交换的方式共享资源，通过自己的意愿帮助他人从而获得社区积分。

（五）盈利模式

1. 广告费用

我们会与周边一些与居民生活密切相关的商家进行合作，如周边餐饮、购物、娱乐商家，给居民提供更便捷实惠的生活，广告费用如表1－4所示。

表1－4 广告费用

客户类型	具体分类
餐饮行业	即时加工制作、商品销售和服务性劳动等手段，向消费者提供饮料、食品、菜肴、消费场所和设备的经营单位。包括酒楼、饭店、饭馆、餐馆、面馆、早餐店、糕点店、咖啡店、休闲吧、酒吧、烧烤店等
购物行业	满足社区居民日常生活需要的业态。包括超市、大型超市、便利店、常设性综合商场、常设性市场等
娱乐行业	满足社区居民精神生活需要的业态。包括美容美发、健身、游戏厅、儿童乐园、KTV、网吧等

2. 积分

积分银行是平台自主开发的，是社区居民共享资源的重要连接，居民可以通过劳动互助、资源共享来获取相应积分，也可以通过购买的方式来获得积分。随着用户的增加，平台利用该功能可以获得更多的收益，利用积分能够在与该平台合作的商家购买商品时获得相应的折扣。

3. 社区拼团

我们与第三方达成合作，即周围的商家或者网上的店铺，在居民得到一定积分之后，鼓励居民消费，一起拼团，购买生活必需品等等。在居民与商家达成交易后，我们在商家拿到相应的提成。并且我们还会与居委会沟通在部分社区举办一些活动，居民可以通过积分获得一些更优惠的商品，同时也可以提高我们产品的知名度。

（六）项目推广

1. 推广策略

项目主要面向社区居民使用，因此核心的推广策略是以社区意见领袖作为种子用户，带动社区居民使用该平台，推广计划如表 1-5 所示。

表 1-5　社区推广计划表

时间	形式	目标引入客户（两周内）
第一阶段	微信公众号推广	文章阅读量达到 200 人，引入客户 120 人
第二阶段	微信群和 QQ 群推广	以一个社区为单位，引入 1/2 个社区的居民
第三阶段	微视频宣传	视频点赞量达到 1 000，能够引入 500 人
第四阶段	与社区微信群、QQ 群群主合作	每合作一个群主，能够引入 200 人
第五阶段	与社区物业和居委会合作	以一个社区为单位，引入 2/3 个社区的居民
第六阶段	定期举办线下活动	以一个社区为单位，达到引入整个社区的居民
第七阶段	与农户合作	以一个社区为单位，引入 2/3 的社区居民参与

2. 线上推广

（1）微信公众号推广

资源共享平台推出自己的官方微信公众号以提高知名度，同时也有利于自身信息的传播，扩大自身影响力。在微信公众号内实时更新资源，定期撰写废物利用的文章，让居民们更好地做到资源利用。定期撰写废纸废物 DIY 教程，提高居民们的参与度。

（2）微信群和 QQ 群推广

建立社区微信群、资源共享交流群、本项目居民微信群等，通过社群营销的方式获取用户，从而达到推广资源共享的效果。

（3）微视频宣传

建立专属抖音账号，在抖音中不定时地进行主题微视频制作，如废物利用的 DIY 视频和居民使用共享资源解决问题的合集视频等。

在公共场所如地铁、公交站台、社区的电梯，设立广告牌，将我们平台的特点、运营团队、二维码等做成一部短视频，循环播放。

3. 线下推广

（1）与社区微信群、QQ 群群主合作

线下，我们利用社区居民对社区群群主的信任度，拉近与居民之间的距离，让社区居民对我们的产品减少抵触情绪，让社区居民更愿意了解我们的产品。这样，就可以搭建起我们与居民之间的沟通桥梁，宣传我们为社区居民搭建的一个友爱互助的平台。通过发挥这样友爱互助的精神，社区居民之间的关系融洽了许多，从居民的关系转变为朋友关系，促进了邻里关系的提升。

（2）与社区物业和居委会合作

通过与社区物业和居委会沟通，把我们的项目介绍及平台二维码印在传单上面，由社区物业带领我们的团队进行宣传，在居民区等人口密集的地区发放。

与街道居委会合作一同整合资源，对整个小区的共享资源进行统计分类，将其放置在统一的地方，方便告知居民与管理资源。最后返还资源也能达到统一，形成一个循环链，达到项目持续开展的目的。

团队在社区内进行宣传，挨个上门宣传我们的项目，并将已推好的软文逐一分享给大家，让大家感受到我们为大家服务的热情。

（3）定期举办线下活动

平台定期在社区举办线下活动，宣讲资源分享的优势、分享废物二次利用小经验。开展“居民共享资源面对面”活动，与小区附近的超市合作，在小区内举办线下活动。

（4）与农户合作

通过和农户直接合作，为社区居民带来优惠，让社区居民感受到我们平台的实用性，增加社区居民对我们平台的使用率。

案例 2　最非遗花馍馆

——“面由心生花馍馆”小程序的设计与推广

一、项目简介

花馍又名面花，作为一种古老的汉族民俗艺术，在中国黄河流域和陕西关中地区流传甚广，湖北口回族乡做花馍的习惯是从陕西关中地区传承过来的。逢年过节时多做枣花馍，象征多福多寿；小孩子满月，姥姥家会送来有龙凤或虎头造型的花馍，意为“龙凤呈祥”或“猛虎驱邪”；端午节时，舅家送给外甥鱼、莲等形状的花馍，叫作“曲莲”，寓指五谷丰登、吉庆有余。花馍技艺是非物质文化遗产之一，它蕴含着中华民族的文化价值观念、思想智慧和实践经验，传承和发扬非物质文化遗产是我们当代青年人不可推卸的使命担当。

二、团队成员简介

赵思淼：北京联合大学管理学院电子商务专业 2019 级本科生。

温策纵：北京联合大学管理学院电子商务专业 2019 级本科生。

张嘉琦：北京联合大学管理学院电子商务专业 2019 级本科生。

李姝斐：北京联合大学管理学院电子商务专业 2019 级本科生。

裴一蕾（指导教师）：北京联合大学管理学院电子商务专业副主任，

博士（后），副教授，硕士研究生导师。研究方向：数字经济。

李丹丹（指导教师）：北京联合大学管理学院电子商务专业教师，博士（后），副教授，硕士研究生导师。研究方向：数字经济。

三、项目策划书概要

（一）项目概况

1. 项目背景

2004 年，我国正式加入联合国教科文组织《保护非物质文化遗产公约》。2011 年 2 月 25 日第十一届全国人民代表大会常务委员会第十九次会议通过《中华人民共和国非物质文化遗产法》（中华人民共和国主席令第四十二号），时任国家主席胡锦涛签署文件。2011 年 6 月 1 日起实施《中华人民共和国非物质文化遗产法》。2017 年国务院办公厅关于转发文化部等部门《中国传统工艺振兴计划的通知》（国办发〔2017〕25 号），明确指出要落实党的十八届五中全会关于“构建中华优秀传统文化传承体系，加强文化遗产保护，振兴传统工艺”和《中华人民共和国国民经济和社会发展第十三个五年规划纲要》关于“制定实施中国传统工艺振兴计划”的要求，促进中国传统工艺的传承与振兴。2019 年 1 月 20 日北京市第十五届人民代表大会第二次会议通过《北京市非物质文化遗产条例》，自 2019 年 6 月 1 日起施行。河北、天津等地也推出类似条例。

非物质文化遗产（以下简称非遗）保护是近年来社会关注的热点，并逐步成为一项国家级战略工程。北京市各级政府对于非遗保护力度不断加大，但是在非遗保护过程中还存在着诸多问题，来自经济、社会等方面的诸多因素对于非遗文化的传承影响很大。从根源上讲，京津冀非物质文化遗产保护实践中出现的问题是人们在非遗保护的理念中存在一些误区。如果不能及时纠正非遗理论和政策中出现的种种弊病，轻则白白消耗大量的人力、物力和财力，重则将祖先千百年来遗留下来的宝贵的非物质文化遗产资源无端葬送。

非遗是文化自信的精髓，我们有责任将它传承下去。国家政府及相关政策的支持，也为本项目的发展提供良好的政治环境，发展前景十分可观。

近年来，国家对非遗的宣传与传承十分重视，但目前花馍的宣传与推广方式依旧很传统，在生产与传承过程中受到文化产业发展不平衡、地方保护主义等主观因素影响，在传承非遗的道路上依然存在传播路径窄、宣传不到位、形式不到位等诸多问题。

当前的非遗花馍传播中存在宣传内容表面化、流于形式等问题，针对非遗花馍项目的宣传报道，形式多限于活动的简单文字性报道和介绍，极少有宣传媒介能够直接参与到非遗花馍的传承保护中、为非遗花馍保护搭建一个常态化的传播平台。一项非遗花馍技艺如何在当代融入寻常百姓家的生活日常，如何使非遗花馍保护工作内化为普通大众的行为自觉，是每一个宣传工作者所面临的问题。

基于以上背景，项目组总结出非遗花馍在传承时遇到的最大问题是：缺乏一定的创新性。

2. 项目意义

（1）大学生创新助非遗，助力非遗企业增销售

如何实现中华文化创造性转化和创新性发展？如何让传统花馍技艺被赋予当代的审美内涵、重回当代生活，使其传承下去？这是在非遗花馍传承期间必须要面对和解决的问题。

非遗花馍传承受阻的原因之一就是人们往往只看到非遗花馍技艺的表面，而忽视了其本身的艺术价值和文化价值，没有深入了解、学习；并且目前非遗花馍产品传播形态单一、传播效果一般、部分地区覆盖受限、年轻受众对于非遗花馍的知晓度普遍较低。

（2）大学生公益助非遗，关注非遗传承与发展

国务院办公厅文件指出保护非遗的重要意义为：中国各族人民在长期社会生活实践中共同创造的传统技艺，蕴含着中华民族的文化价值观念、思想智慧和实践经验，是非物质文化遗产的重要组成部分。

在相关部门公布的第四批国家级非物质文化遗产传承人中，去世人数已高达12.6%，一门手艺的消亡就代表着一个小型博物馆的消失。花馍文化传承人是非遗花馍的守护者，也是非遗花馍的重要承载者和传递者，这些传承者利用自己的记忆、聪明才智，对非遗花馍的传统文化和技艺进行继承发扬，花馍传承人可能是家族传承中的继承者，也可能是社会传承中的继承者。他们既是非遗花馍的见证者，又是非遗花馍代代相传的接力者，可见传承人的传承作用极其明显。为使传承不断代，必先拓展传承途径，这样才能更好地传承非遗花馍文化、拓展出更多的非遗花馍传承之路。

3. 项目创新点

（1）以“电商+非遗花馍”模式，创新非遗发展

本项目秉承“学以致用”的精神，紧跟党和国家对于非遗的扶持政策，引导人们关注当下非遗花馍发展的恶劣现状。在此基础上，通过设计“最非遗——面由心生花馍馆”小程序，搭建网络信息共享平台，切实帮助传承非遗花馍。非遗花馍商品直接在小程序上售卖，不仅拓宽了花馍商品的线上销售渠道，也通过“电商+非遗花馍”新模式，将传统非遗花馍与现代电子商务结合起来，促进非遗花馍的宣传、推广与发展。

项目组创造性地在非遗花馍领域建立数字化信息交流平台。项目组打造这个数字媒体平台是让非遗花馍走进居民生活，关注非遗花馍；让非遗花馍合理地产品化、多样化，让非遗花馍重新走进人们的视野。

（2）以大学生助力非遗公益模式，创新运营模式

本项目的运营模式与其他小程序运营模式不同，其目的不在盈利多少，而在于充分发挥电子商务专业大学生的优势，以大学生助力非遗花馍公益为目的，创新运营模式。本项目将全部收入用于公益助力非遗花馍的推广与宣传，由此促进非遗花馍的创新与发展。

用户可以根据需求进行独家定制。这些文创产品都是在校大学生设计的原创产品，他们利用独具匠心的创造力，抓住新时代的主流，将非遗花馍元素巧妙地融入生活，满足顾客的不同需求；此外小程序还附带非遗花

馍制作的教学视频。用户可根据自己的需求进行购买、定制和学习。用户可以选择“最非遗——面由心生花馍馆”项目所售卖的一系列文创产品，既能作为收藏也可留作纪念。

（二）市场分析

1. 经济可行性

小程序的未来成本，都在可以承受范围之内。开发方面，小程序不分安卓系统跟苹果系统，两者均可以使用运行，因此相较于 App 等需要两套开发程序的技术而言，价格较为低廉，成本压力较小。推广方面，微博与微信公众号均可以免费使用，所以其经济成本也较低，因此经济可行性高。

2. 技术可行性

开发环境：本项目的小程序开发，后端使用 Java 语言进行代码编写，前端使用 Java 语言进行 UI 界面代码编写。

开发框架：本项目的小程序开发框架利用商城类基础样式库，这是微信官方的一款框架，能够让用户的使用感知更加统一。

3. 操作可行性

小程序不需要安装，可以通过扫一扫或搜一搜的方式打开，打开后就可以马上使用，触手可及，既节省了用户的流量，也节省了安装所需的时间，多快好省。小程序中的功能有注册、登录、浏览商品、互动交流、购买、支付等，功能清晰易懂，使用简单，方便上手。其主要功能模块如课堂和商城等都是已成熟的功能，因此只要按照国家相关规范开发板块，用户上手比较容易，操作可行性强。

4. 竞争对手分析

项目组通过搜寻同类小程序，对比几个小程序具体的栏目、功能、特色、服务，进行了优缺点分析，具体如表 2－1 所示。

表 2-1　同类小程序对比分析

名称	栏目	功能	特色	服务	优点	缺点
烤花馍	推荐、活动、新品、我们	展示企业活动、展示并销售商品	产品图片多、细节特写清楚	没有人工客服，沟通较麻烦	能很好地展示产品、建立企业品牌	产品描述不清晰、服务较差
喜丫头花馍	卡通馒头、传统花馍、小零食、调味品、养生膏	展示和销售产品	产品种类多样、分类清晰	可通过微信联系在线客服	产品分类明确、有人工客服，交流方便	缺少企业信息，不利于形成企业品牌
怡甜冷餐花馍	生日面圈、贺寿花馍、切块蛋糕、简餐小食	展示和销售产品	产品图片较大、细节清晰	自助式购买，无其他服务	分栏明确，产品展示具体	无人工客服，沟通不便，产品无具体描述，缺少企业信息

根据同类型小程序的对比分析不难发现，许多同类企业都采取了小程序的形式来销售花馍，各个小程序都有其优缺点，通过对比分析，项目组借鉴了大多数小程序中都有的产品详情，通过具体的文字和图片展示产品。同时增加企业相关信息，希望打造企业品牌；又补充了人工客服，提升服务水平，方便用户需要时及时交流。

（三）"最非遗——面由心生花馍馆"小程序设计开发

1. 开发目标

（1）设计满足企业需求的小程序

项目组通过前期与北京面由心生文化创意产业有限公司的负责人，以及与花馍传承人的交流，充分了解了企业对于非遗花馍的推广、销售等需求，了解了传承人在花馍传承方面的困难与问题，并根据需求设计小程序的功能，从而使小程序能更好地引导人们关注非遗花馍，并运用电商的方式为非遗花馍提供更好的传播和推广媒介，为非遗的传承者带来收益、提供资金支持。

（2）开发独具特色的小程序

项目组设计一个具有注册/登录、上传/发布、定位、购买/支付等便民服务功能的小程序。此小程序首页主要有榜单推荐、商品详情、分类、购物车、轮播图等栏目，并且在轮播图中加入花馍详情链接，通过点击能进入花馍详情界面，在展示花馍的同时，增进人们对我国非物质文化遗产花馍的了解。增设个人信息界面，包括个人订单查询、信息查询等栏目，方便用户购买。

值得一提的是，为区别于同类小程序，项目组添加了两个全新特色板块：知识普及和精彩课堂。这使得该小程序不仅仅是一个销售产品的购物小程序，更是一个具有传播分享功能的小程序。通过知识普及板块，用户可以了解花馍文化的相关知识，提升对花馍产品的兴趣。而通过精彩课堂板块，可以免费学习简单的花馍制作手艺，更可以进一步付费学习专业的花馍制作知识。由这两个特色板块，项目组达到依托小程序传承和发展非遗花馍的要求。

2. 首页设计

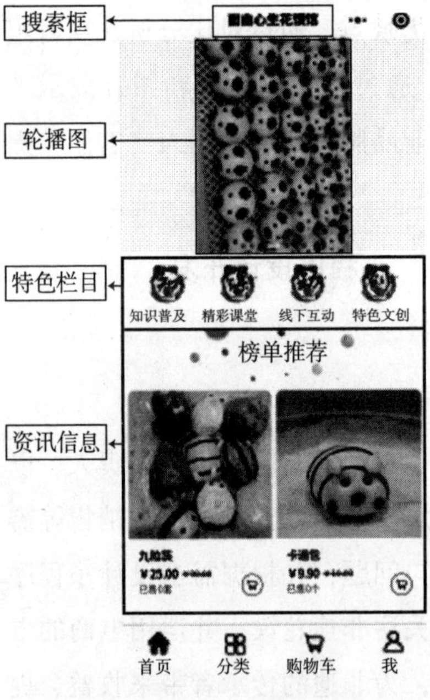

图2－1　小程序首页截图

小程序首页设计如图 2 －1 所示，首先是搜索栏，下方是用于宣传的轮播图，是整个程序中最突出、用户最容易看到的部分。底部是 4 个主栏目，分为“知识普及”“精彩课堂”“线下互动”“特色文创”。

①搜索框：位于最上端，供用户内容资讯的搜索。

②轮播图：位于上部，内容包括但不限于花馍知识、花馍活动、优秀花馍工艺品展示以及广告，点击即可查看相应信息。

③特色栏目：位于中部，点击进入“知识普及”“精彩课堂”“线下互动”“特色文创”四大栏目。

④资讯信息：位于底部，点击可查看精选的花馍相关文章。

3. 功能设计

作为一个商城类的小程序，该小程序的使用群体主要为购买产品及课堂的用户与销售产品和课程的入驻商家。因此在小程序的功能设计阶段，项目组针对这两大使用群体将功能分为前台功能和后台功能两大板块。

小程序前台的主要功能有注册/登录、发帖、评论、购买/支付、课程学习等。前台功能主要针对用户，通过上述功能用户可以便利地实现购买行为或学习行为。

后台功能包括商户管理、店铺装修、用户管理、订单管理、栏目更改等功能。后台功能主要针对入驻商家，尽量用简单的操作完成店铺的管理，方便商家的产品销售、推广、宣传。

4. 栏目设计

“最非遗——面由心生花馍馆”小程序的栏目位于中部，点击进入“知识普及”“精彩课堂”“线下互动”“特色文创”四大栏目，如图2－2所示。

(1) 知（知识普及）

知——知识普及：涵盖了非遗花馍的介绍、非遗花馍传承人的介绍和相关科普知识等。帮助用户方便快速地了解相关知识，激发用户对花馍的兴趣。

项目组以文章为主要形式，内容主要提供当前花馍传承的介绍，以及传承情况、传承人的介绍和相关知识科普等。文章篇幅精简短小，且同步在微信公众号和微博更新，符合当下年轻人电子阅读的习

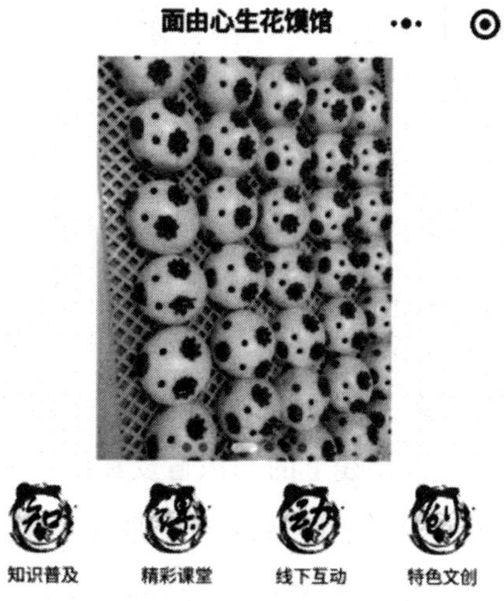

图2－2　面由心生花馍馆四大栏目图

惯。可以帮助用户在闲暇时间，简单且快速地了解相关知识，激发用户对花馍的兴趣，如图 2 - 3 所示。

（2）课（精彩课堂）

课——精彩课堂：包括非遗花馍的教程学习，以视频的形式记录非遗传承人花馍制作的过程；开设线上非遗花馍知识课堂，通过网络课堂的形式，传承非遗花馍文化，吸引更多对非遗花馍感兴趣的人，培养非遗花馍“传承人”。花馍这一非物质文化遗产历史悠久、工艺复杂，传至今日已出现了许多传承难题。项目组与花馍传承人达成合作，将开展线上小课堂活动，用视频的形式记录花馍制作的过程，改善“人亡技消”的问题。通过网络课堂的形式，传承花馍文化，吸引更多对非物质文化遗产感兴趣的人，培养花馍文化“传承人”，如图 2 - 4 所示。

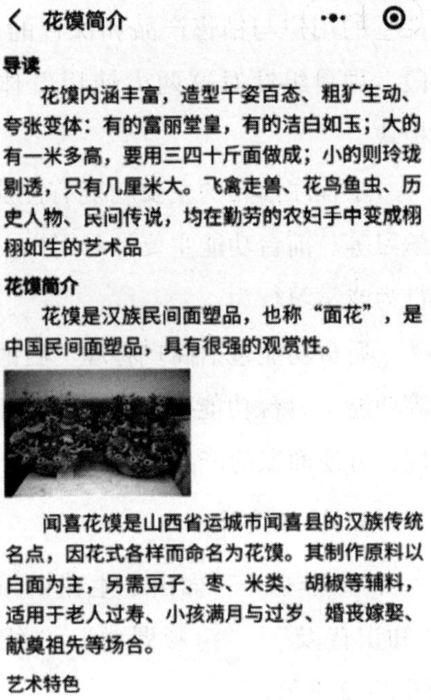

图 2 - 3　小程序知识普及栏目

（3）动（线下互动）

动——线下互动：项目组可以定期开展线下公益活动，发布线下活动时间、地点、内容，同时推广线下非遗花馍制作体验活动，进一步学习和交流花馍文化。用户可以通过报名参加活动。

仅仅是线上的知识普及和精彩课堂并不能满足花馍文化的爱好者，项目组设置这个栏目的初衷是让更多的花馍爱好者能够在线下进行交流互动，通过花馍爱好者之间的交流学习，共同探讨花馍文化的内涵和发展，如图 2 - 5 所示。

图2－4　小程序精彩课堂栏目

图2－5　小程序线下互动栏目

（4）创（特色文创）

创——特色文创：搭建非遗花馍文创设计及售卖平台，由非遗花馍传承人与在校大学生共同设计、推出花馍系列文创产品，满足不同用户的购物需求，实现非遗花馍的创造性转化和创新性发展。在助力非遗花馍传承的同时，为大学生自主创业搭建平台。

花馍既然作为非物质文化遗产而存在，那么它便不仅仅是一个产品，更是一种文化。顺应时代潮流，项目组和花馍非遗传承人共同研究，推出花馍系列的文创产品。届时用户可以在这一栏目中购买文创产品、手工艺品，甚至可以通过平台客服联系传承人在线定制手工艺品。为不同消费层次的用户带来不同的购物体验，满足不同用户的购物需求，实现传统文化的创造性转化和创新性发展，如图2－6所示。

图2－6　小程序特色文创栏目

（四）项目推广

1. 微信公众号推广

微信公众平台使得微信同时具备了社交、渠道、媒体的功能，“最非遗”公众号，如图2－7所示，将这三种功能属性发挥得极其充分。

2. 微博推广

微博推广是微博诞生后催生出来的一种新兴推广模式。它是通过一对多的互动交流方式，以及快速广泛的传播特性，为企业带来良好推广效果的平台，如图2－8所示。

3. 抖音推广

抖音作为短视频平台中的佼佼者，日活用户已超过6亿，视频日搜索量超过4亿，现如今已成为新媒体行业的标杆。基于此，项目组通过抖音这一新媒体平台进行“最非遗——面由心生花馍馆”小程序的推广。项目

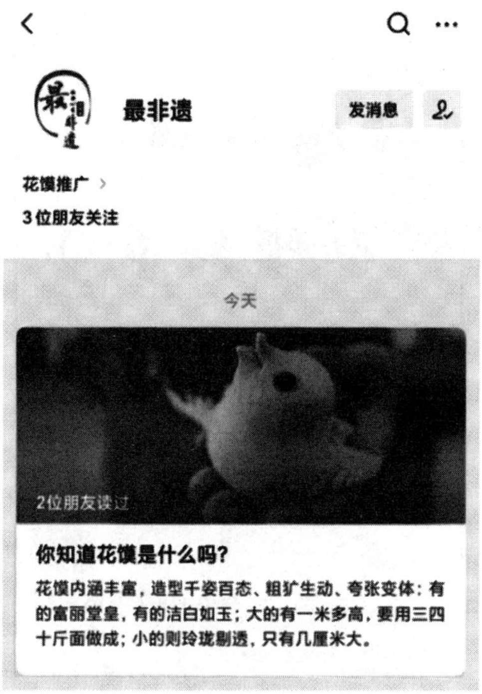

图2－7　公众号首页

图2－8　花馍最非遗微博

组成员开通了名为“最非遗”的抖音账号，并发布了花馍相关的视频，如图2－9所示。

4. 社区推广

项目组会优先选择项目组成员居住的社区进行推广，再逐渐拓展到周边社区。

5. 校园推广

校园推广更能让项目组成员积极有效地调配并利用身边的资源。项目组会在校园内宣传花馍，让更多的老师、学生关注微博、微信公众号；向学生展示如何制作简单的花馍产品并让他们学习，寓教于乐，增强学生保护传统技艺的意识，关注花馍的发展与传承，弘扬中华优秀文化。项目组决定开展花馍校园推广活动，如图2－10所示，并为此拟定了活动方案。

图2－9　最非遗抖音账号

图2－10　花馍校园活动推广海报

6. 特色栏目推广

“花馍盲盒售卖”：因为不知道会开到什么，盲盒带来的神秘、兴奋、悸动和期待，恰到好处地切中玩家对于未知的好奇。

“心得体会社区”：平台为用户设置相互学习和交流的社区，整合兴趣者的爱好点，激发学习强国精神。

（五）项目运营

1. 非遗花馍企业入驻

目前，已经有三家公司入驻本平台，它们分别是北京万宝之源科技发展有限公司、北京龙健祥科技公司、北京面由心生食品公司。

项目组邀请非遗花馍传承人及非遗面塑传承人杨帆老师，如图2－11所示。现已实现线上教学和线下宣教的合作。目前，项目组已在微信公众号、微博、抖音和小程序中，发布花馍和面塑相关教学和推广视频。

图2-11　非遗花馍、面塑传承人杨帆老师

2. 线下活动策划

项目组在进行宣传推广的过程中，同时开展了一系列的线下活动，包括以“感悟非遗花馍知多少”为主题的高校推广活动和以“非遗入社区——非遗传承人亲临现场知识普及”为主题的社区公益活动。

（六）项目展望

近年来，国家对于非遗的保护与传承尤为重视，政策支持明显，加之电子商务成为一种新趋势，是众多消费者的选择，因此，“最非遗——面由心生花馍馆”小程序的设计及推广项目竞争优势显著，具有广阔的应用前景：

①对企业而言，依托“最非遗——面由心生花馍馆”小程序平台，能够扩大企业花馍商品的销售规模，增加市场占有份额。

②对花馍本身而言，本项目的实现能够赋予花馍作为非物质文化遗产新的活力，提高花馍的知名度，促进花馍的传承与发展。

③对于其他的非物质文化遗产而言，本项目“电商+”的形式能够为其他非遗的传承与发展带来新思路，拓宽文化宣传与推广渠道。

案例 3 足球孩
——青少年足球教学解决方案

一、项目简介

足球孩项目诞生于 2017 年 9 月，在不到一年的时间内初步建成了平台，网站改版后截止到 2017 年年底，浏览量达到 135 万余次，活跃用户 4 万余人。2018—2019 年计划进一步扩大用户量，争取月活人数达到 20 万人次；成立公司，稳定团队组织，形成团队凝聚力和战斗力；完善平台架构，建立足球各类资源数据库；加强与国内外俱乐部之间的对接与合作，组织足球教练员培训 1 000 人次以上，举办全国足球邀请赛 4 次以上，实现项目盈利。另外，我们与够兄弟科技有限公司展开合作洽谈，希望可以共同开发推广“T－GOAL 智能足球数据手环”，让青少年足球教练及学员们能够利用高科技技术产品更好地进行训练并提高足球水平。同时我们也正在建立与创冰信息科技有限公司的合作关系，运用足球大数据配合足球教学，使足球教练员获得更加先进的足球理论知识。2020 年以后，我们将争取更多资本资源，扩大公司规模，形成从小学到大学，乃至成年人等各阶段足球教育培训体系，建立自己的足球培训中心，从根本上改善中国足球的青训落后现状。

二、团队成员简介

时杨：北京联合大学管理学院工商管理专业2016级本科生。

杨苏东：北京联合大学管理学院金融专业2016级本科生。

张晟玉：北京联合大学管理学院金融专业2016级本科生。

张翊超：北京联合大学管理学院电子商务专业2016级本科生。

姜璐：北京联合大学管理学院会计专业2016级本科生。

李丹丹（指导教师）：北京联合大学管理学院电子商务专业教师，博士（后），副教授，硕士研究生导师。研究方向：数字经济。

三、项目策划书概要

（一）项目概况

1. 项目背景

中国足球成绩不佳。每每提起“中国足球”都令我们国人汗颜，甚至成为大家茶余饭后的“笑话”！最常听到的话是：“十几亿人中为何找不出11个踢球好的?!”是啊！堂堂华夏，泱泱大国，为何足球成为我们的“软肋”？我国的足球一直伴随着“惨案”走过了十余年，这十余年间没有惊喜，只有惊吓。

习近平总书记非常关注中国足球的发展，他是不折不扣的球迷，更是将“足球梦”当作“中国梦”的一部分，要大力发展青少年足球，发展校园足球，他指出：“中国政府高度重视发展足球运动，给予有力的、持续性的支持。”

国家同样高度重视足球发展。2015年3月，国家出台了《中国足球改革发展总体方案》，这不仅是中国足球改革与发展的纲领性文件，也是中国体育史上一个里程碑式的事件。全国全面推广校园足球，大力发展足球青训。近些年来，中国连续出台了一系列发展足球的政策。目前已经建成

2 万余所足球特色学校，到 2025 年全国足球青训教育机构也将大量增加。

2. 项目进展情况

足球孩项目诞生于 2017 年 9 月，截止到 2020 年 4 月，已初步建成了足球孩足球教学资料分享网站、手机 App、微信小程序、微信公众号、微博等平台，目前改版后网站的总用户量达到 24 万余人，微信小程序总用户量达到 4. 4 万余人，微信公众号总用户量达到 1 万余人。

（1）现阶段开展的线上解决方案——足球教学资料平台的搭建

搭建线上平台。为青少年足球教练及其学员提供丰富全面、详细系统的足球教学资料，包括视频、教案等。根据年龄及战术的不同，平台对于教学资料也有着详细的分类，既方便了教练员和学员的查找，又能够助力提高教练员的执教水平和学员的学习能力。平台中包括 9 000 余个足球教学视频及 3 000 余个足球教学文档，这些视频全部是由国外及国内的专业足球教育机构录制，视频内容中的教学方法与视频质量更是优中选优，通过了数次观看筛选，包括“足球基本技术、战术、身体素质、足球热身、足球游戏、U 系列训练、校园足球训练及多种系列教学训练”等教学视频。教案文档主要为足球教学教案，另外还有运动生理学等理论知识。教学资料丰富全面，分类详细系统，能充分满足足球教练员及学员所需。

（2）未来计划开展的线下解决方案——足球教练员的培训和青少年足球赛事体系的构建

青训足球教练员课程（教练员培训班）。项目培训课程从目前我国足球落后的根本原因出发，利用平台优势教学资源，由项目专业的教研团队设计开发，提高中国足球教练员的执教水平，从而提高青训水平。

青少年足球比赛。项目举办各校园级别联赛以及 U 系列梯队联赛，打造成熟的赛事体系，同时希望在未来促成有一定影响力的国际性邀请赛，通过比赛锻炼队伍，使球员更好地学习成长。

足球教学沙龙。项目建立足球教学沙龙形式的全国教练员交流平台，从而加强教练员之间的交流分享，促进教练员之间教学水平的互促提高。

我们的项目旨在从根本上解决中国足球青训水平低的问题。通过各个线下方案的结合，植入先进的足球教学方法及理念，提高青少年教练员的执教水平，提高青训质量，加快实现中国足球梦的步伐。

3. 项目创新点

目前我国足球教学资源十分匮乏，只有中国足协举办的足球教练员等级培训班，大量足球教练员无法获得更多的培训学习机会，这一现状制约着中国足球的发展，因此足球孩项目希望可以解决这一痛点问题，给足球教练员提供更多的学习与交流机会，及时地传递给足球教练员更先进的足球教学理念，提高中国足球教育水平。

足球孩发现国内足球痛点，发掘用户需求，感知市场环境，利用项目的产品与服务进行创新，主要包括以下 4 点：

（1）平台中的所有内容都是经过层层筛选，并经过非常详细的分类后才上线分享的。其他足球类资料分享平台的内容大多是随意、随机性上传的，这样用户查找、查看起来非常麻烦。而足球孩改变了这个现状，它对内容进行了非常详细的分类。其内容涵盖了足球训练前的热身和训练后的身体素质训练、足球基本技术到战术，不仅丰富，层级也十分明显，用户可以一目了然地了解足球教学的框架，十分轻松地获取到自己的所需，极大地增加了使用的便捷性。

（2）提供系统的足球教学内容。目前市场上缺乏如此系统的、条理清晰的足球教学资料体系，大部分平台的内容还是以随机性发布为主，整体逻辑性不强。而足球孩提供了非常系统的足球教学资料，包括校园足球的 1 ~ 9 年级的训练内容与梯队 U4 ~ U18 训练内容，足球教练与家长可利用足球孩教学资料根据学员不同的年龄安排不同的训练计划。

（3）采用线上线下相结合的方式，充分为中国的足球教学工作服务，并形成了一个完整的足球教学服务链。线上提供丰富、全面、详细、系统的足球教学资料库，线下开设足球教练员培训，从基础供应关系到深度培养关系，更切实地提高中国足球教练员的足球教学水平。另外，还可以将线下的课程通过线上进行展示，线上线下形成一整套服务链。此外还会开展青少年足球赛事、足球教学沙龙等一系列的相关业务，更好地服务于中国足球。

（4）整合资源，搭建客户价值链。利用足球孩的产品与服务获取用户，并根据不同类型的用户不同的需求，整合其他资源与平台用户需求挂钩。例如，搭建“城市俱乐部模块”，各个城市的各个俱乐部将招生招聘等俱乐部详情展示于平台上，足球教练员、学员家长可进行求职求学的筛选查找，通过平台联系起三方用户关系。除此以外，还可以搭建专属的足球电子商务模块。

该项目的意义是培养专业的教练员及优秀的足球运动人才，研发科学有效的足球训练课程，并打造国内一流的足球赛事、足球文化的交流中心。一系列的项目内容、实实在在的举措就是从根本问题出发，专注中国足球青训事业，为中国足球源源不断地输送人才，切实改变中国足球“干打雷不下雨”的尴尬困境，为中国足球冲击世界杯打下坚实的基础，从根本上去实现“足球梦”“中国梦”！

（二）市场分析

1. 市场可行性分析

我国目前对于足球教练员的培训，除了中国足协举办的等级考试培训班以外，几乎为空白。专业、系统的足球教学资料和培训体系更是一片待开发的领域。与此同时，教练员非常想通过专业足球教学资料和培训提高自己的执教水平，但是苦于市场上没有专业的机构和资源。这不仅使得教练员的水平很难提高，更重要的是制约着中国足球的发展。国内青训与赛事体系不完善；青少年参与足球运动人数众多，并飞速增长；足球教练员从业者增加迅速，急需提高执教水平，但缺少培训资源。市场的空白，给了足球孩发展的空间。

2. 技术可行性分析

团队拥有足球与平台开发相关的专业技术人员，对于整个项目的搭建运营拥有足够的专业背景支持。同时项目还拥有 3.5 万部足球教学视频资源与近 1 万篇足球教学教案、文章等核心资源。

3. 政策可行性分析

众所周知，近年来国内大力发展足球事业，不断出台促进足球发展的相关政策。2013年国家政府出台了《体育总局、教育部关于加强全国青少年校园足球工作的意见》，意见中高度重视并加大力度扶持青少年校园足球事业，同时提出计划于2020年和2025年分别建成2万所和5万所足球特色学校等一些促进校园足球发展的相关政策。2015年由国务院办公厅印发的《中国足球改革发展整体方案》中指出："以总体要求、主要目标为大方向，通过对管理机构重新设计、职业俱乐部建设、完善竞赛体系、校园足球、社会足球、人才培养、国家队建设、场地建设管理、完善投入机制等涉及足球领域的各个层面的具体部署，为中国足球今后的发展指明了前进的方向。"国家政府近些年陆续出台的一系列足球发展相关政策表明了中国下决心要将足球搞下去，与此同时会出现众多的足球教学相关需求与光明的市场发展前景。

4. 竞争优势分析

目前众多足球教学资料平台，存在着教学资源内容不全面，没有系统、详细的分类目录等问题；用户的体验较差，不便于查找，无法彻底满足用户的需求；没有专门针对青少年足球训练的课程，使得教练员们只能自己摸索，多走了许多弯路，训练效果不佳；线下活动举办较少，用户之间进行沟通的平台较少，不利于足球训练的发展。

项目团队收集了约3.5万个国外足球教学视频，以及近1万份足球教学教案文章，包含了足球训练的各个方面。这些视频与教案又经过了专业从事足球的人员的审核、分类，所以我们的视频、教案资料丰富全面、分类详细系统。平台中的资料更是有国外优秀的教学理念与方法的优势，拥有核心优势资源。

（三）商业模式

1. 商业画布

本项目现在拥有网站 www. zuqiuhai. com、手机 App、微信小程序、微信公众号、官方微博等服务平台。每个平台间相互关联，用户可以在各个平台获取足球教学资源。足球孩足球教学平台中的内容在不断丰富的同时，会长期、经常性地对各个平台进行维护、更新与完善，并且会根据用户的反馈进行优化。希望可以通过多个服务平台，为用户提供“丰富全面、系统详细、先进有效”的足球教学资源，如图 3 – 1 所示。

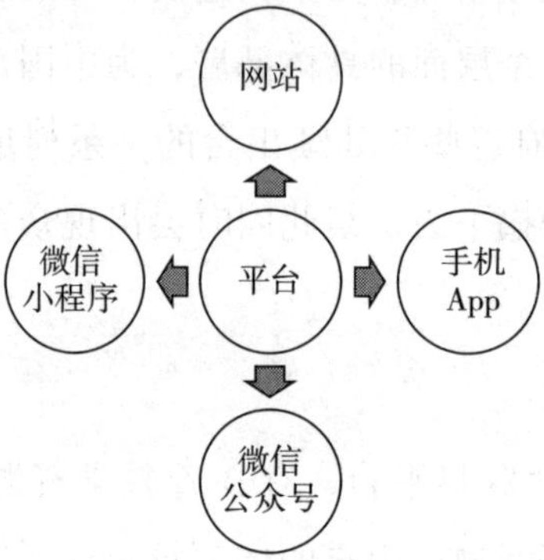

图 3 –1　足球孩平台

本项目的主要产品与服务包括足球孩足球教学资料分享平台、教练员课程培训、足球赛事、交流沙龙等一系列围绕足球教育开展业务，并且未来计划进入足球数据分析领域。项目服务的用户主要为青少年足球教练员，以及青少年学员、家长和其他足球机构。项目中的足球教练员课程培训，填补了目前我国除足协考级外的足球教练员培训空白。

图 3 – 2 所示是本项目提供的业务结构及范围，包括足球教学资料、培训课程、足球比赛、足球数据分析，以及足球相关资源整合。其中，平台中的教学资料包括足球基本技术、战术、身体素质、足球热身、足球游戏、U 系列训练、校园足球训练及其多种系列教学视频 10 000 余个和足球教案文档 3 000 余个，并且进行了层层的分类。另外还有青少年足球教练

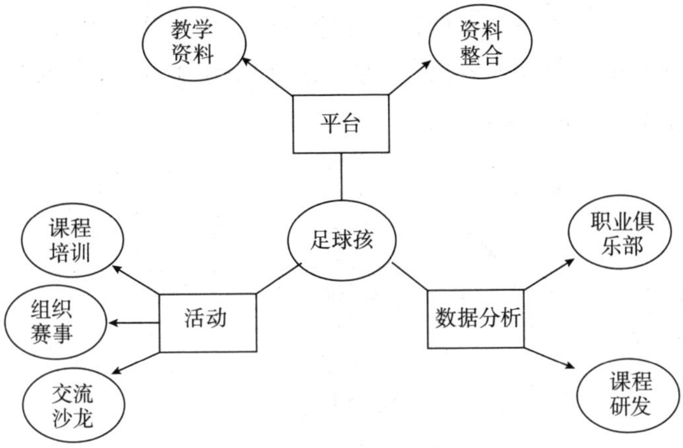

图3-2　足球孩业务结构

员培训课程，课程设计参照了平台中的优势资源。此外，计划将培训课程录制视频投放到平台。比赛数据的深度挖掘，用以指导足球教学及比赛。整合资源，是指足球青训俱乐部可以利用平台的管理系统管理俱乐部，可以发布俱乐部的招生招聘等信息，同时将其他足球相关机构整合到平台中，搭建足球电子商务版块，打造足球生态社区。

2. 目标客户

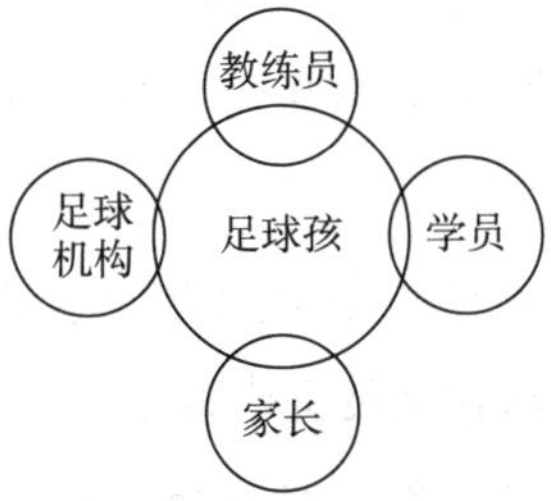

图3-3　目标客户

项目的主要目标客户包括青少年足球教练员、足球学员、家长和足球青训俱乐部、体育器材设施制造商等多种足球机构，如图3-3所示。

3. 盈利模式

团队整合国内外先进的足球教学资料，免费发放到平台上，吸引用户，提高流量；同时，项目专业的教研团队设计出一套专业系统的教练员培训课程。此外利用项目平台整合足球机构，充分开发B端与C端客户。未来还计划利用“足球大数据”，通过深度发掘分析，更好地配合中国的足球青训事业，如图3-4所示。

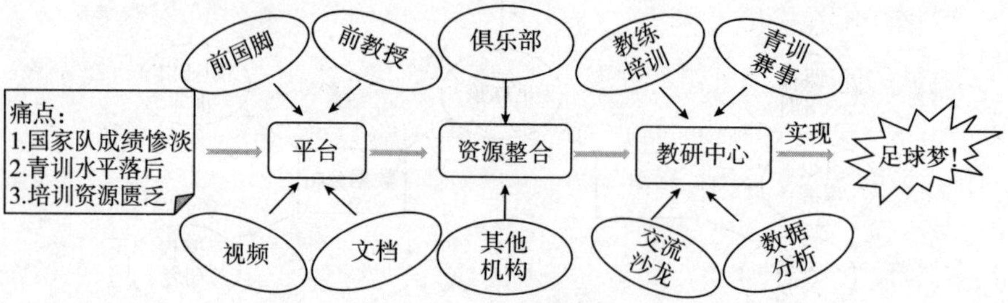

图3-4 战略概述

足球孩团队充分发掘中国足球教学领域的相关需求，针对需求情况展开多种线下及线上以及二者相结合的业务，围绕项目本身搭建良好且合适的盈利方式，实现创收，具体包括：

（1）青少年足球教练员培训费。通过开设青少年足球教练员培训班，收取培训费。将先进的足球教学理念传授给青少年足球教练员，丰富其教学方法，更好地完成青少年足球教学工作。

（2）足球赛事组织费。通过开展不同年龄的校园组和俱乐部组别的全国青少年足球邀请赛，收取队伍参赛费，并且可以与其他公司洽谈，获得赞助。

（3）足球教学沙龙。定期举办全国青少年足球教学沙龙活动，收取注册费，为全国的青少年足球教练员提供教学交流平台。

（4）内容付费。观看“在线培训直播、培训课程录像、专门研发的足球教学资料”等收取会员费。项目团队计划开发的模块，为教练员提供线上增值服务。

（5）为俱乐部提供平台管理服务。俱乐部可以利用足球孩足球教学平台中的“城市俱乐部”模块，进行俱乐部的管理等工作，并且还可以发布俱乐部的招聘招生信息等俱乐部信息情况，从中收取费用。

（6）电子商务。整合经销商资源，利用足球孩平台，帮助经销商宣传销售运动服饰及体育器材，以及其他新颖的高科技足球设备。

（7）运动保险。足球是一项竞技性体育运动，会存在受伤的风险，足球孩与体育保险公司合作，为青少年足球运动员提供保险产品，这将会是一个广大的市场需求。

（8）其他足球赛事组织机构信息发布费。足球孩足球教学平台中的“赛事邀请”模块，用以发布其他足球赛事组织机构举办的赛事邀请信息，从中收取信息发布费。

（9）广告盈利。采用 App 开屏广告、福利页面和发现页面方式，按流量和展现次数赚取广告费；在网站上，加入旗帜广告、弹窗广告等，与电子商务企业、足球相关产品合作，按点击率和展现次数收取广告费等。根据平台最近的访问量预计，广告收入将是本项目的最大收入来源之一。

通过“足球大数据分析”业务，与职业足球俱乐部签署协议，为俱乐部提供数据支持，为职业足球俱乐部的训练与比赛带来科学化的帮助。

（四）营销推广

1. 线上营销

（1）SEO。近期项目在搜索引擎自然排名机制的基础上，对网站进行内部及外部的调整优化，改进网站在搜索引擎中的关键词排名，获得更多流量，从而达成网站营销及品牌建设的目标，如图 3－5 所示。

（2）网络视频推广。2017 年 12 月初陆续将带有足球孩网站水印的足球教学视频投放到优酷等综合性视频平台上，当不知道足球孩足球教学平台却又对足球教学资料有需要的人，在优酷中搜索并查看到足球孩上传的带有水印的视频时，将会起到良好的宣传导流作用，如图 3－6 所示，到目前为止上传视频的总播放量达到 8.5 万余次。

（3）通过微信、QQ、微博、抖音等自媒体平台进行营销推广，建立自媒体营销矩阵。截止到 2020 年 4 月，共已加入全国 700 余个与足球相关的微信群。并相继在“全国青少年足球教练”“青训群英会”“中国公益足球家长群”“全国校园足球大联盟”等千余个与足球相关的足球微信、

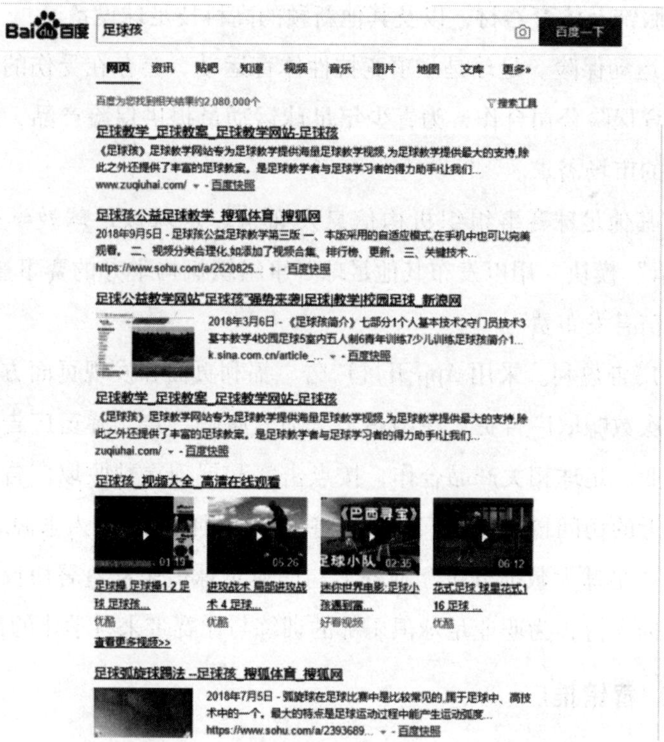

图 3－5　SEO

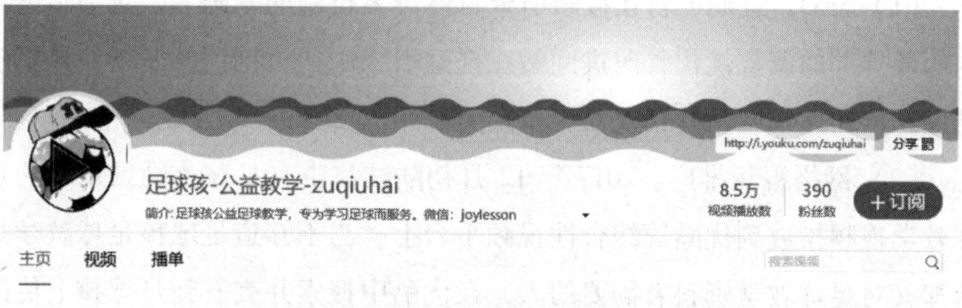

图 3－6　上传至优酷等综合类视频平台

QQ 群中发表关于内容、更新等详细信息，其他自媒体平台同时跟进，在宣传期间网站访问量、手机 App 下载量、微信小程序使用人数、微信公众号关注人数均有明显的增长，并收到了对平台的广泛好评，如图 3－7 所示，也有个别用户对平台提出一些反馈意见，宣传效果十分明显。

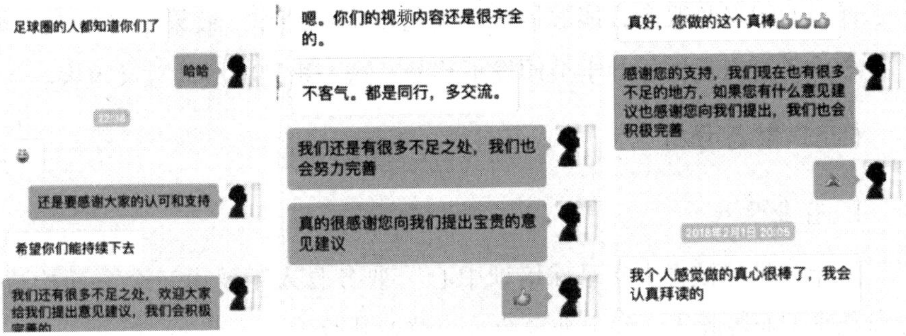

图3－7　用户肯定和反馈

2. 线下营销

（1）参加各种足球类活动。包括2019年1月在北京召开的“2019北京市足球运动协会第一届教练员大会”、2018年11月30日至12月2日“中国国际足球产业博览会”、2018年12月9日“人大足球主题沙龙”、2018年12月27日中关村互联网教育创新中心“创业充电站”等数个足球沙龙、展会、论坛等。在各项活动中进行项目的路演，向大家介绍足球孩，并且在交流过程中发现更多的合作者及客户，为项目积累资源。

（2）参加多种大学生创业活动。参加“第八届全国大学生电子商务‘创新、创意及创业’挑战赛”，荣获国家二等奖、北京市特等奖；获“第四届中国‘互联网＋’大学生创新创业大赛”北京市三等奖；“2018年‘启明星’大学生科技创新创业项目立项”北京市级项目立项。在校期间参加数个大学生创业大赛，并多次获得优异成绩。另外还参加多种大学生创业活动，进行项目的路演及交流，邀请大学生创业指导专家予以指导，为项目的发展奠定了良好的基础。

（3）足球孩团队相继拜访包括北京市国奥越野足球俱乐部等数家足球俱乐部与足球学校。向俱乐部的管理层、教练员、学员家长与学员发放带有网站网址、手机App二维码、微信公众号等信息的宣传单。足球孩团队还给俱乐部的学员们上了一次足球训练课，课前首先让学员们观看了课堂上将要学习的训练内容的视频，随后做出训练指导，发现学员们对于观看视频的积极性十分高涨，并且学员们在观看视频后都对即将训练的内容产生了直观的印象和概念，能够很快地模仿出训练动作，效果十分有效。训练技术后还给表现优秀的学员颁发了奖品，这一系列的活动意义重大。

（五）财务分析

1. 营业收入

预计“足球孩青少年足球培训中心”业务收入主要由三个方面构成，分别是线下业务收入、线上业务收入、营业外收入

（1）线下业务收入——“培训、赛事组织和沙龙以及足球大数据”。公司利用已有的平台，开发出自有品牌的培训课程，组织青少年足球教练员培训班，收取培训费等。通过举办全国青少年足球邀请赛，收取参赛费等费用，并联系赞助资源。定期举办足球从业人员的沙龙交流活动，收取报名费等。此外未来利用足球大数据的深度挖掘开发实现价值收益。

（2）线上业务收入——“平台增值服务与资源整合”。平台开通各种增值服务，研发更加科学系统的足球教学资料，以会员注册购买的方式提供给用户；将平台模块功能化，可以为足球俱乐部提供管理系统服务，由此获得收益；通过在网站中添加“城市俱乐部”“全国邀请赛”等模块，与相关足球类机构相洽谈，在我们的平台上为他们发布信息，利用网上的高点击量为多个足球机构提供信息宣传。另外还可以整合其他足球类机构，包括足球装备器材商、足球经纪人公司、足球运动康复中心，以及将国外的足球资源引入中国等。平台还可以利用广告获得盈利。

（3）营业外收入——“固定资产、无形资产投资等”，这部分收入预计未来1~2年内的数额为零。预计公司步入正轨，产生较大利润后，会将部分资金用于投资设备等固定资产进行盘盈、处置，以及将无形资产，如专利等转让或授权使用，以产生营业外收入。

2. 成本分析

目前，足球孩项目并未正式注册公司，因此项目的成本主要包括“服务器的租赁、带宽升级、平台开发、营销推广”等方面的运营费用，总体成本粗略计算每年在10万元左右。

（六）项目总结与展望

足球孩项目诞生于2017年9月，截止到2020年4月已初步建成了足球孩足球教学资料分享网站、手机App、微信小程序、微信公众号、微博等平台，2020年计划进一步完善平台，扩大用户量，争取成为国内足球教学第一手资料库；增加平台功能，整合足球资源，打造足球生态社区；成立公司，扩大团队组织，形成团队凝聚力和战斗力。2021年将加强与国内外俱乐部及其他机构的对接与合作；组建专业的足球教研团队，研发科学系统的足球教学课程；定期举办足球教练员课程培训，开展各类青少年足球赛事、足球沙龙等活动，实现项目盈利。未来，我们将以“足球教学”为中心，打造多元化的足球企业，争取更多资源，扩大公司规模与业务结构，并利用“足球大数据”深度挖掘其中价值。形成足球孩品牌，从而从根本上解决中国足球落后的尴尬境遇，成为“中国足球梦”的奠基人，如图3－8所示。

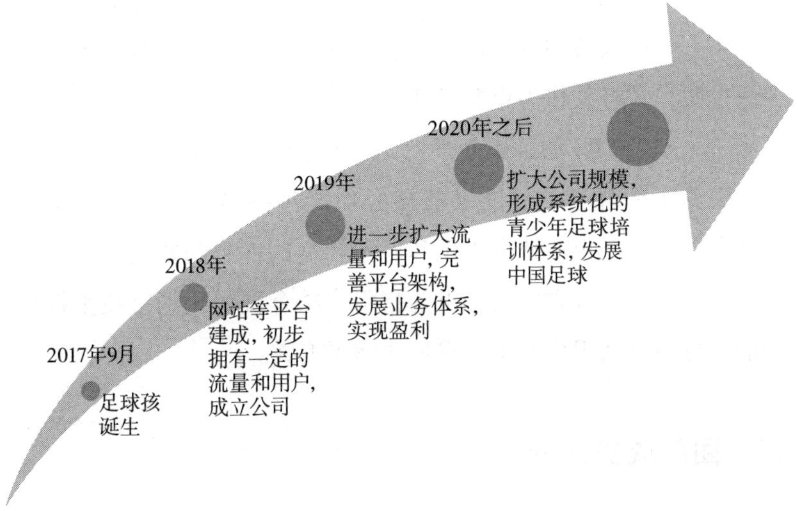

图3－8 项目进度及计划

案例 4 暮光——基于 LBS 的区域互娱社交养老平台

一、项目简介

新中国成立以来，尤其是改革开放以来，中国的综合国力不断增强，社会各项福利事业持续繁荣，关怀老年人晚年生活的政策文件也陆续出台，为老年人各项权益的维护提供了法律保障。国家提倡各级政府保障老年人合法权益，并将其作为重要责任。

暮光——基于 LBS 的区域互娱社交养老平台是一款适用于老年人互动娱乐的社交养老平台。平台推出的核心功能包括喊话、才艺分享、侃一侃。本平台以解决老年人缺少娱乐和同龄社交的孤独问题为出发点，以满足用户在娱乐、社交等方面的需求为指引，结合现代化网络技术推出多种平台功能，旨在帮助用户们生活得更加幸福美满。

二、团队成员简介

张如旭：北京联合大学管理学院金融专业 2017 级本科生。

尹佳宁：北京联合大学管理学院会计专业 2018 级本科生。

杨明帅：北京联合大学管理学院金融专业 2018 级本科生。

吴延金：北京联合大学管理学院金融专业 2018 级本科生。

韩佳庆：北京联合大学管理学院财务管理专业2018级本科生。

田玲（指导教师）：北京联合大学管理学院电子商务系专业教师，博士，副教授，北京市中青年骨干教师，“双师型”素质教师，学生课外活动优秀指导老师。

三、项目策划书概要

（一）平台介绍

暮光——基于LBS的区域互娱社交养老平台是一款用于老年人互动娱乐的社交养老平台。为了给用户提供全面的体验服务，平台推出的核心功能包括喊话、才艺分享、侃一侃。

为用户提供基础娱乐社交服务的同时，本平台为增强用户互动性，推出了打榜功能。打榜中，平台会不定期主办才艺比赛，鼓励用户将自己的才艺展示视频发布在平台中，通过点赞打榜方式选出获胜者，获得由平台合作商家提供的奖品；同时，有需求的用户可以点击视频中商品链接购买他人才艺表演的道具，增加互动。

另外，平台还提供了线上虚拟币，虚拟币用于购买打榜时的更多点赞次数和礼物，点赞和赠送礼物都可以为自己感兴趣的才艺视频助力打榜，收到礼物的用户还可向送礼者回赠礼物以表示感谢；虚拟币可以充值，也可以通过完成每日任务来获得。

为增强老年人防骗安全意识，促进老年人对基本医疗常识的了解，平台会不定期向用户推送安全贴士、防骗小技巧、医疗小常识等有关老年人自身安全保障的文章，用户可直接点击阅读，如图4-1所示。

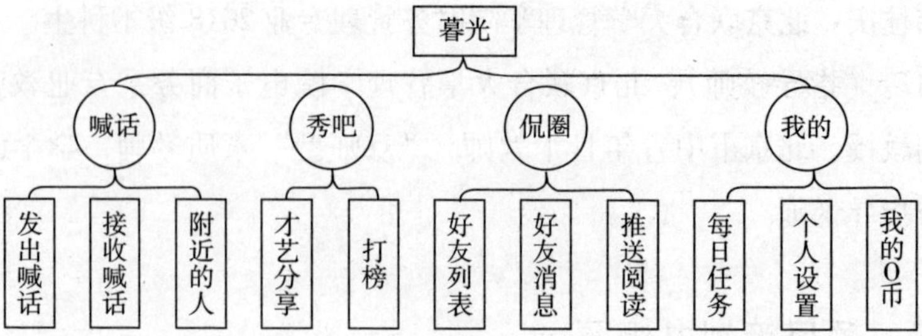

图 4－1　平台模式

（二）平台功能

1. 平台展示

（1）喊话界面

喊话界面的主要功能为喊话和附近的人。

界面中会不断刷新滚动喊话条，界面右上角为搜索喊话功能，可搜索到自己感兴趣的近期喊话，置于右上角则是考虑到了大多数人右手使用手机的习惯，使用时更加方便。界面底部正中间的加号是用户发布喊话的按钮，置于中间更加显眼，如图 4－2 所示。

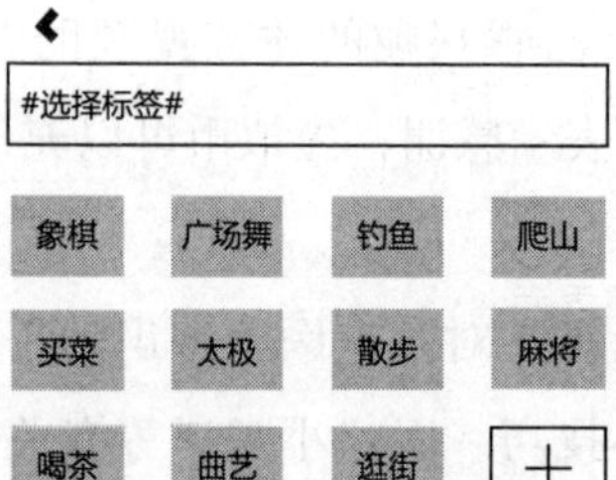

图 4－2　发布喊话界面

图 4－3　附近的人界面

喊话界面的左上角位置坐标按钮是“附近的人”功能，如图4－3所示，点击即可查看自己位置和附近用户。

（2）秀吧界面

秀吧界面由赛事和才艺视频两部分组成，赛事滚动框位于界面顶端，横向滚动显示各赛事主题，点击即可查看赛况、报名等。赛事下方是用户们发布的才艺视频，向上滑即可观看下一个视频，下拉可随时刷新。点击界面底右下角的加号后可拍摄或在相册选择自己的才艺视频上传到秀吧，如图4－4所示。

图4－4　秀吧界面

（3）侃圈界面

侃圈界面的主要功能是接收好友消息、向好友发消息及阅览平台推送的资讯，顶部滚动框会横向滚动平台推送的与用户日常生活和健康安全有关的常识及资讯，滚动框内会显示资讯或常识的主题。滚动框下方是好友列表，当好友发来消息时此好友会弹到列表顶部，点击即可打开聊天界面；滚动框与列表之间是搜索框，搜索框内可搜索列表内好友，如图4－5所示。

图4-5　侃圈界面

图4-6　“我的”界面

（4）“我的”界面

“我的”界面如图4-6所示，拥有每日任务、个人设置、我的O币等基础设置。在每日任务中，平台会为用户推出各种任务，用户完成任务可获得O币奖励，如发布规定条数“喊话”、邀请新朋友等；个人设置包括个人信息修改，个人兴趣标签选择及修改；我的O币可以让用户查看个人O币数量以及充值O币，进而兑换礼物等。

2. 平台功能

（1）喊话

“喊话”是平台主打社交功能，在喊话功能界面用户可以发出喊话，也可以看到其他用户发出的喊话；用户在此功能中有海量娱乐兴趣标签（例如广场舞、棋牌等）可以选择，选择点击后发出，在附近区域内的用户都可在此功能界面看到其他用户发出的喊话，若与发出用户有共同兴趣或想法，便可点击该喊话进入与该用户的限时聊天界面，进行限时匿名聊天，若在限定时间内双方都同意公开身份，便自动成为好友，这样既增加了神秘感，也可以在初步了解对方后决定是否想要和对方交朋友。

（2）秀吧

在秀吧中，基于用户兴趣标签，为用户推荐同社区和邻近社区用户。用户可为自己喜欢的视频点赞、赠送礼物、评论或转发，同时，用户也可以分享自己的才艺表演视频，这是秀吧的基本功能。为了增强该功能的互动性，平台还会不定期主办才艺比赛（例如厨艺、乐器、歌舞等），参赛用户发布自己的参赛才艺展示视频，通过其他用户点赞、送礼、打榜的方式选出获胜者，获胜者可获得由平台合作商家提供的奖品。

（3）侃圈

侃圈是用户的好友列表，若有好友发来消息，该好友头像就会弹到上方，发来最新消息的好友头像会在最上方，点击即可直接打开聊天界面；同时也可以在好友列表找到好友，点击后与好友聊天。在侃圈界面顶部会滚动显示与老年人健康安全相关的资讯，点击即可打开资讯进行阅读，如图4－7所示。

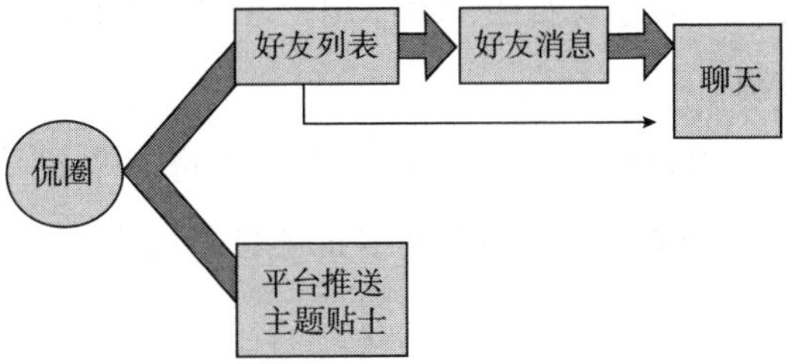

图4－7 侃圈介绍

3. 平台机制

（1）奖励机制

对于发布才艺视频的用户中荣登“暮光”月榜前三名的用户，平台将进行奖励：其一，为其赞助指定品牌的餐具或厨具；其二，为其添加才艺专属认证。

（2）反哺机制

用户打榜方式分为付费打榜和免费打榜。选择付费打榜的用户，若打榜的才艺没有上榜，平台将返还50%的打榜费用；若所打榜的才艺荣登月榜单前十名，平台将返赠打榜用户80%的打榜费及抽奖机会一次。

（3）赠礼机制

用户可在秀吧用O币购买礼物赠送给心仪的才艺主，不同种类的礼物需要不同数量的O币。同时基于中华传统美德——礼尚往来，收到礼物的才艺主也可在平台上以赠送适量O币的方式对赠礼用户表示感谢。

（4）任务机制

每天签到、完成一定任务会有相关O币奖励，为用户提供初期的免费体验。

（5）虚拟币机制

暮光平台内虚拟币名称为O币，平台内部所有资金流动皆以O币为货币。O币与人民币的兑换率为1∶10（即人民币1元等同于10 O币），用户在平台上享受的所有服务以O币支付。

（6）认证机制

为保证平台用户信息真实性，保障用户在本平台的合法权益，平台设定了如下认证机制。

①手机认证。用户注册本平台账号时，需进行手机认证，可通过微信、QQ、手机号等完成。平台将发送验证消息至用户手机，确保用户能够正常接收平台信息。

②LBS定位认证。利用定位系统，自动定位用户的居住位置，用户也可以自行输入自己的位置。定位信息精确到门牌号，定位量级包括省—市—区（县）—路—小区—楼号—楼层—门牌号。

③熟人认证。熟人认证结合用户的社交圈，通过熟人对该用户的信息进行确认，保证用户信息真实性，为平台用户的社交提供信息保护。用户可以将自身信息发送至第三方平台（微信、QQ等），邀请好友为自己进行认证。用户也可以在平台上为其他用户验证信息真实性。

（7）监察机制

质量监察：按照《侵权责任法》《消费者权益保护法》《产品质量

法》，平台会审核广告提供者相关资质，并履行安全保障义务。此外，为平台提供产品的商家还需要向平台和用户公示《生产许可证》《卫生许可证》《执行标准》《营业执照》等相关证件。

内容监察：根据互联网信息管理办法，资讯版主和用户不得在平台制作、复制、发布、传播法律法规不允许发布的信息，平台会对用户和版主发布的内容进行审核，对于不符合管理办法的内容不予发布，并对用户和版主发布平台警告，以便为用户营造出健康的社交环境。

流量监察：此机制主要针对秀吧的打榜功能，对于一些用户可能出现的恶意打榜行为及时制止，并根据情节轻重予以不同程度的惩罚。致力于为用户创造出一个公平公正的竞争环境。

（三）市场分析

1. 竞争对手分析

竞争对手1：爱牵挂智慧养老互联生态倡导者。它通过搭建系统平台，让老人运用如老人机、腕表、无线传输的健康检测设备等智能设备，实现与子女、服务中心、医护人员的信息交互。优点是经验丰富、实力雄厚、安全可靠、经市场检验。

竞争对手2：全时养老。全时养老依托其云平台，建立基于 LBS 的养老服务体系，整合老人需求，打造“服务包”，提供更加完善、便捷的医、食、住、行、娱、养服务生态圈。强大的人才支撑体系为全时提供了源源不断的创新力；高效的管理系统使全时可以一直平稳运行；全时的运营费用相对较低，主要投入较低，主要投入在平台维护和创新发展上。

竞争对手3：金中公司开发的智慧养老系统。它创建“系统 + 服务 + 老人 + 终端”的智慧养老服务模式，并且涵盖了机构养老、居家养老、社区日间照料等多种养老形式。优点是科技含量较高，为主管机关或运营单位建立一套完整的居家养老服务管理及协调机制；为辖区内的老龄人群及服务机构建立准确翔实的数据库及服务档案；以社区为依托，企事业单位和社区义工为支撑，构建强大的服务体系。

竞争对手 4：糖豆。糖豆广场舞面向全国 1 亿舞蹈爱好者提供超过 200 万的海量视频，具有免费下载、一键慢放、多舞种选择、创建自己的舞队等多功能，让学舞变得更有趣、更简单。全国 90% 以上的广场舞名师及广场舞作品均来源于糖豆广场舞。目前糖豆广场舞拥有超过千万的用户，成为全国舞友最喜爱的免费学习舞蹈、讨论交流的爱舞者聚集社区 。优点是可以吸引部分爱好广场舞的老年人；作为首个专为满足老年人兴趣开发的软件，具有先发优势。

“暮光”平台特色分析：通过平台搭建，利用喊话、秀吧、附近三项服务功能提升用户的幸福感，并在此之上增加打榜功能，提供 O 币增进互动性、趣味性。平台特色为：改善老年人娱乐方式匮乏的状况，在平台 2.0 中还能加强老年人与子女的联系；基于 LBS 定位的社交平台，满足老年人的心理需求；有利于用户走出家门，增加与邻里以及与周围同龄人的互动，创造一个交流和分享的平台；在平台，还能利用打榜、秀吧等进行社交活动；侃一侃功能可根据兴趣标签为其匹配兴趣相投用户的参与体验，进行互动；构建“社会化为基础、市场化为补充”的信息化、智能化的运营模式，推动养老服务行业持续、健康、快速地发展。

2. SWOT 分析

本团队结合平台自身特点，应用 SWOT 分析工具对该项目进行了详细的分析，并做出相应的战略选择。

（1）竞争优势（S）

首先，项目创新点独特，同类产品较少。用喊话、广场等功能，让老人排解孤独，充实晚年生活，加强和子女的联系，而目前市场上的软件多关注于老年人的健康方面，忽略了老年人心理方面的需求。

其次，本平台是基于 LBS 定位系统的社交平台，利用互联网进行才艺展示。让老人和子女及志趣相同的人增加交流，进行心灵情感的交流，让用户告别孤单，提高用户的幸福感。

（2）竞争劣势（W）

平台建立所需专业知识缺乏，对市场了解较少。同时，受其他产品影响，造成思维定式。市面上已有其他产品，用户可能会混淆，抓不到项目的重点，不愿深入了解，使得宣传达不到好的效果。

（3）市场机会（O）

养老市场广大，需求持续上升，政府也出台了一系列政策，支持养老服务业的健康发展。越来越多的人开始关心老年人的娱乐生活，平台能够充分满足老年人的心理需求。

（4）外部威胁（T）

市场竞争日益激烈，目前已经有相关平台从事类似工作，从定位人群、产品定位再到核心竞争力更是各出奇招，吸引一大批稳定客户。如何快速切入养老市场将会是平台发展的重要一步。

3. SWOT 战略制定

SWOT 战略如表 4－1 所示。

表 4－1　SWOT 战略制定表

	优势	劣势
机会	SO 战略 本项目利用 LBS 定位技术，打造多人结伴式的社交体验服务，满足用户丰富生活的心理需求，释放压力，弥补了现有养老模式社交体验不足的短板，在规模效应下化整为零，实现资源合理优化配置	WO 战略 老年人对于网络交流方式不熟练，增加了用户使用本平台的难度，有损用户体验。在宣传推广阶段，用户可接收信息的渠道较少，不利于前期宣传
威胁	ST 战略 当前市场上已有类似项目，市场竞争压力大，本项目充分利用已有社区、政府资源，通过新颖的商业模式、功能服务形成竞争优势，打造良好口碑，积累一批忠实用户。再通过用户推荐宣传，逐渐扩大平台的市场占有率	WT 战略 本项目发展初期，资金较少，在我国养老产业飞速发展的宏观背景下项目组将重点抓住学校、政府支持，缓解资金压力。由于初期项目知名度不高，打入市场较为困难，项目组打造自媒体推广平台，线上线下同时推广，拓展平台用户量

（四）商业模式

1. 目标客户

（1）退休老人

随子女居住在一二线城市的退休老人尽管在子女的身边，但离开了生活了大半生故土的他们依然会感觉到孤独。通过使用暮光平台，与区域内其他老人社交娱乐，并且同代人之间交流互娱基本避免了代沟问题，可以有效缓解老人孤独感，享受更加安乐的养老时光。

（2）才艺达人

对于才艺达人而言，展示自己满意的才艺作品就是最大的乐趣。本平台的秀吧功能为才艺达人分享自己得意的作品提供了非常便捷的渠道，打榜更能让他们享受到自己的成果被认同，线上的才艺比赛也能够成为他们一展身手的舞台。

知音难觅，才艺达人却可以通过平台的秀吧功能认识到众多志趣相投的伙伴，一起分享才艺，评比作品，这也是本平台最能吸引他们的地方。

（3）单身老人

第六次全国人口普查显示，中国60岁及以上人口占13.26%，其中单身老人的比例大约为三成。相比于其他老人，他们更加孤独，更加渴望陪伴。也因此暮光十分契合他们的需求，能为他们提供一个温馨的社交娱乐环境，让晚年不再孤单。同时，调查显示，约一半的单身老人希望找寻“另一半”，而暮光同样可以为他们提供一个良好的平台，帮助他们在晚年也能收获一段美好的爱情。

（4）养生爱好者

对于养生爱好者而言，获取有用的养生信息，以科学的养生方式生活就是一种最大的乐趣。本平台的侃圈功能为养生爱好者获取最新的养生资讯、学习科学的养生食谱提供了非常便捷的渠道，因此暮光平台也深受养生爱好者的青睐。

2. 平台业务

(1) 喊话——社交业务

平台为用户提供的关键社交功能，可以让用户体验到养老互娱之乐。当用户觉得空闲无聊时，可以点开喊话界面，看看附近的用户有哪些喊话，看到有自己也感兴趣的娱乐需求，则可以点击该喊话与用户进一步交流；如果没有，也可以自己发布喊话，等待志同道合的朋友应邀。通过此功能可以为用户的闲暇时光增添色彩，帮助用户找到知心好友，享受互娱互助式养老带来的美好生活。

(2) 秀吧——分享业务

用户进入秀吧界面，可看到附近用户分享的才艺视频，并为其点赞。用户也可以使用秀吧功能分享自己的得意作品，若该用户在平台内曾有过分享才艺的经历，则平台可为该用户提供分享变现的服务，即可让附近感兴趣的用户向才艺分享者学习才艺，推动社区用户的线下互动。

(3) 侃圈——资讯业务

进入侃圈界面，用户便可以看到资讯贴士，在这里，用户可以了解到医疗、养生、厨艺、卫生和防骗等一系列生活资讯。让老年用户在享受社交带来的乐趣之余，可以学习到更加健康、优质的生活方式，大幅提升养老品质。

3. 盈利模式

平台盈利模式可从B端（供应端）和C端（客户端）进行细分，B端包括合作抽成、广告收入和粉丝经济；C端包括充值兑换和客户消费，如图4-8所示。

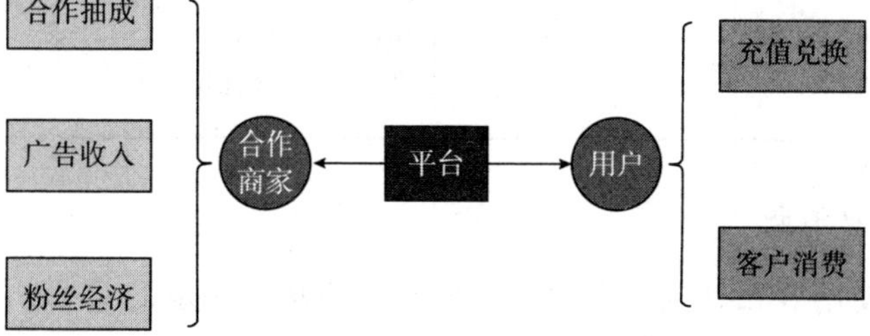

图4-8 盈利模式

（1）赞助费

商家赞助费、冠名费的分包或转让。

（2）广告收费

平台提供广告位，微信公众号提供软文广告推送服务，广告服务向有需求的商家收取广告费，具体通过粉丝经济、兴趣达人、网红大咖来实现。

4. 充值兑换

（1）O 币兑换

O 币是平台虚拟货币，秀吧上可以利用 O 币进行打榜，用户将现金兑换成 O 币可以为平台引入大量的资金，让资金在流通过程中产生盈利。目前，人民币兑换 O 币比例为 1∶10，即 O 币价值为 0.1 元/粒。

（2）会员充值

充值会员可享受平台更加优惠的服务，对于办理会员服务的用户，平台提供优先服务功能，也会在购买相关商品等方面提供更多的福利。会员充值功能在“我的”界面中，分为月充和年充两种模式，月充值收费为 10 元/月，年充值收费为 99 元/年，如表 4－2 所示。

表 4－2　会员充值细则

充值方式	充值金额	专享优惠（当月/当年）
月充会员	10 元/月	O 币　9.5 折 购买商品　9.5 折 享受平台功能优先服务
年充会员	99 元/年	O 币　8.8 折 购买商品　8.8 折 享受平台功能优先服务

5. 客户消费

用户使用 O 币达到一定数量，平台会多赠予一定的 O 币，每天签到、完成一定任务也会有相关 O 币奖励，为用户提供初期的免费体验。

若用户付费打榜的兴趣达人未进入榜单，平台将返还打榜用户 50% 的打榜费，余下 50% 为平台收入。

若用户付费打榜的兴趣达人进入榜单前十名，平台将反赠给打榜用户 80% 的打榜费及一次抽奖机会。抽奖转盘中含有 20% 的打榜费、免费会员一个月、9 折卡及空奖。抽奖若未抽到打榜费，则这部分费用归平台所有。

（五）市场营销

1. 营销策略

（1）产品策略

产品质量分为性能质量和适用质量，分级和标准化是提高暮光平台性能质量的基础，是提高平台竞争力的有效途径。随着软件市场中养老平台程序的不断更新，消费者挑选的余地也进一步加大，也刺激养老产业得到了进步和完善。暮光平台突出社交互娱，在产品设计上大多贴合用户精神需求，给用户舒适的观感，采用云储存服务，实现动态程序和静态数据的分离存储托管，节省了前期在硬件和宽带上的一次性投入，节省部署时间，帮助用户做好静态数据的存储、处理和 CDN 加速。并且开发出软件设计系统，对用户的注册、激活、使用时间等进行统计，在确保性能质量的前提下，提高适用质量，根据调研结果，暮光项目平台增添的许多个性化服务的性能更加贴合用户需求。

例如，定期进行用户调研，针对平台后台数据快速做出迭代。目前，正在开发 App 2.0 版本。

（2）宣传策略

要想在日益激烈的平台竞争中取得一席之地，必须利用网络推广来提高业绩，从而提升企业的竞争力。首先要建立自己的网站，然后暮光项目计划创建微信公众号。公众号可以充分地为项目和产品做宣传，宣传内容和范围也能够更细致更广泛。在公众号内会定期发布一些实时热点与养老话题，增加用户流量。同时把网站的外链发布到各种正规、相关、优质的平台上面，从多方面对网站进行宣传以吸引更多的用户访问网站，提高流量，这也是在增加潜在客户。

例如，在微信上定期发布漂流活动，在微博上创建话题，推送与老年人精神养老相关的话题和医疗小常识。

（3）广告策略

本项目主要面向中高端收入退休老人、年轻父母、才艺达人等群体。广告集中投放在中高端小区，集中在目标受众身上打广告，降低费用。本项目基于 LBS 定位系统，服务于邻近地区内的用户，因此可以在社区内（宣传栏、楼道内）进行广告推广。本项目将目标人群分为不同种类，针对不同种类进行不同类型服务的宣传，更加贴合用户自身特性及需求点，为用户提供更加完善的服务。暮光项目宣传精神养老、服务老人的主题，在广告宣传中，增添许多孝老敬亲的元素，使得用户能够更好地产生共鸣，例如，在小区居委会或老年人活动中心张贴暮光程序的特色宣传广告等。

（4）价格策略

促销策略是对产品策略、价格策略和渠道策略的有效弥补。对于求实、求廉心理很重的部分消费者，价格高低直接影响着他们的购买行为。为满足消费者差异化的需求，要对电子货币出售进行分级分类，实行多量优价，少量常价。特别是虚拟电子货币，要保持价格的相对稳定性，以扩大暮光品牌效应。但在发挥价格杠杆作用的同时，一定要注意价格的真实性，让价格反映真实的市场供求状况。

（5）文化策略

文化营销强调企业的理念、宗旨、目标、价值观、职员行为规范、经营管理制度、企业环境、组织力量、品牌个性等文化元素，其核心是理解人、尊重人、以人为本，调动人的积极性与创造性，关注人的社会性。暮光项目是以满足消费者和经营者的共同利益为目的的社会养老管理服务，提倡精神养老，减缓压力，为用户提供舒适的晚年生活体验，倡导以保护老人幸福生活为宗旨的绿色市场营销模式。

2. 营销推广方式

（1）线上推广

本项目通过微信、微博等平台来进行推广，在微信、微博、论坛上推送一些生活小常识或者邻里之间的互动资讯，提高关注量，提升知名度。

①软文推广

写文章或者引用好文章进行软文推广。首先，文章的标题是关键，标题足够博人眼球才能吸引消费者来阅读；其次，在文章中巧妙地加入平台二维码，然后发布到自己的微信公众号上；再次，软文推广紧扣热点话题，依据季节时气、简历模板、电影等吸引关注量，使用户即使足不出户，也能够了解最新资讯；最后，在文章加入一些福利信息吸引用户，让用户主动转发，如图4－9所示。

图4－9　微信推送文章

②公众号互推

寻找与该平台有相同目标客户群体且粉丝数相当的微信公众号，合作互推。与几个做微信营销的公众号联合在一起，达成宣传共识。在宣传自己平台的时候，顺便也帮助推送别的平台，如图 4－10 所示。

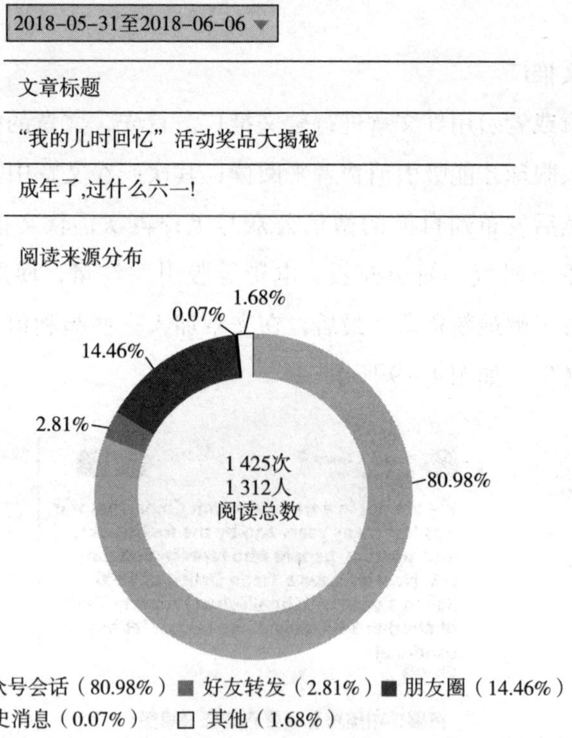

图 4－10　微信公众号推广成果

③推广成果

目前微信大概有 300 人关注，最高阅读 1 202 人次，如图 4－11 所示。

（2）线下推广

①小区推广

暮光平台是基于 LBS 定位的社交平台，能满足老年人的心理需求。在平台上可以利用侃一侃等功能，提供多种娱乐方式，推动邻里之间的情感交流以及与同龄人之间的交往，解决老年人的孤独感和娱乐方式单一的问题，为老年人搭建一个具有浓浓邻里情的小区互动平台是项目组所有成员

文章标题	时间	送达人数	图文阅读人数	分享人数	操作
持续! 中美贸易战最新动态(组图)	2018-04-07	27	526	30	数据概况 详情

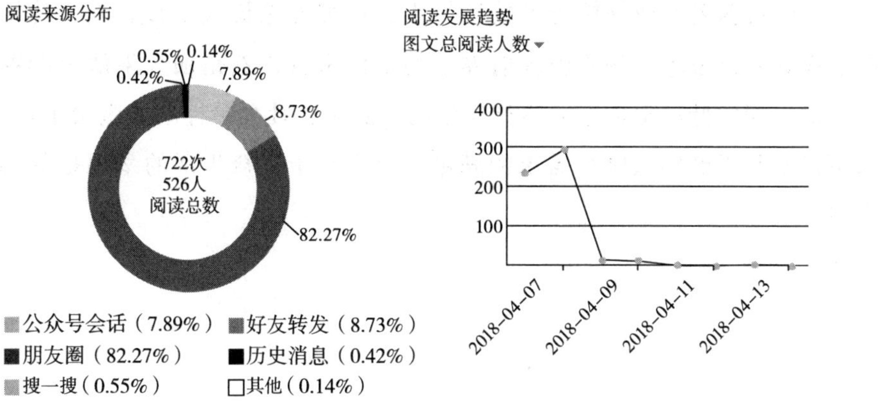

图4－11 文章最高阅读人数

的愿景。

②物业沟通

进入小区前，项目组会和小区居委会提前做好沟通，联系居委会开展“兴趣达人”等一系列线下活动，确保活动能够按部就班地开展。

③赞助活动

前期，暮光会作为赞助商支持部分小型活动，在小型活动之中邀请少量家庭去农场体验，以此来达到推广的目的。在活动中本平台也会为用户准备精美的礼品，招揽回头客，以便拥有一部分老用户，利用“老带新”，发展更多用户。随着发展，暮光平台拥有更多的客户量和入驻企业，本项目将会赞助一些大型活动，让暮光影响力更大。

④广告宣传

在商场、网吧、公交站台等人群密集的地方投放广告，这些地方人流量较大，广告投放效果会比较好。广告可以设计具有噱头的标语，例如，“一起过上乌托邦的康养生活”，以此吸引用户扫二维码关注微信平台。在小区里，路灯旗、楼层贴、公告栏和电梯广告等都是本项目投放广告的较好选择。

（六）项目总结与展望

政府对养老产业支持力度持续加大，精神养老模式亟须更新，传统服务模式有待改革。现阶段政府养老的工作重点仍然是加大生活上的物质供给，而中低层退休老人精神娱乐内容匮乏，社会精神消费供给不足，这不仅不利于老年人精神需求的满足，也不利于民众生活的幸福指数的提高。

案例 5 四叶草健康成长

一、项目简介

随着我国城镇化不断推进，大量青壮年的剩余劳动力向城镇聚集，而他们的子女却因为各种原因不得不留守在农村。留守农民工子女作为中国城镇化不完全发展的代价承受者，其生存现状受到各方关注。项目组于2016年7月暑期赴贵州省沿河土家族自治县进行了留守农民工子女调查实践活动，共发放637份问卷，深入访谈20户人家；同时还通过网络对其他地区留守农民工子女发放问卷956份。调研结果显示，农民工留守子女不仅存在生活与学业上的困难，还广泛存在心理问题。现有农民工子女资助平台更多仅关注孩子们的物质资助问题，忽略了他们的心理健康问题。因此，本项目从关爱农民工留守子女心理需要的角度，通过搭建公益性的四叶草健康成长平台，帮助更多的留守农民工子女身心全面健康成长。

平台的核心价值就是公益性地帮助更多的留守农民工子女。平台不仅在以往资助平台的基础上添设了新的创新点，注意到了心理问题的教育疏导，同时服务对象也更加广泛，不拘于客观条件形式，更细致、全面地贯彻落实爱心资助和爱心帮扶。我们用更平易近人的态度、更温和体贴的方式关注农民工留守子女的生活和学习。平台的主要服务对象是留守农民工子女，广告、销售是我们运营资金的主要来源。我们以最真实、最可靠的信息获取用户和客户的信任，让更多的人关注并帮助留守农民工子女。

“四叶草”代表着希望、健康、爱和幸运，寓意着通过我们的努力，让更多的农民工留守子女摆脱心理阴影，看到未来的希望；让他们感受到爱，健康地成长。目前，该平台已经开发完成，进行初步运营工作，并通过网站、微信公众号、微博等方式进行全面地宣传和推广工作。

二、团队成员简介

符宁雪：北京联合大学管理学院金融专业2015级本科生。

石清平：北京联合大学管理学院金融专业2015级本科生。

卫玲玉：北京联合大学管理学院信息管理与信息系统专业2014级本科生。

吴瑾：北京联合大学管理学院金融专业2015级本科生。

杨惠芳：北京联合大学管理学院金融专业2015级本科生。

黄艳（指导教师）：北京联合大学管理学院电子商务专业主任，博士，教授，硕士研究生导师。研究方向：创新方法与创新管理。

三、项目策划书概要

（一）项目介绍

1. 项目背景

四叶草健康成长平台是一个针对留守农民工子女面临的突出问题而搭建的网站平台。该平台在2016年暑期社会实践“四叶草赴贵州省沿河土家族自治县留守农民工子女的教育状况调研”的基础上发展而来，在调研工作中我们已经对留守农民工子女的现状进行了实地考察和需求调研。此平台在以往的资助平台的基础上加工完善，具有很多类似资助平台没有的创新点，同时它的定位为公益性平台。

本团队2016年回家乡对“贵州省留守农民工子女教育问题”进行了调研，调研发现，人人都在说关注留守农民工子女，但只关注并不能给他们的生活带来太大的帮助，并且能真正得到帮助的留守农民工子女更是寥寥无几。有人关注了留守农民工子女，但却找不到帮助他们的途径，更有甚者甚至不知道如何关注。基于种种现实因素，为了将大家对留守农民工子女的关心、关爱落到实处，让他们得到帮助，真正感受到来自社会的温暖，本项目团队为他们创建了一个健康成长的平台。

2. 项目目标

“只要人人都献出一点爱，世界将变成美好的人间。”本团队基于前期对农民工留守子女教育问题的调研，发现他们的生活和心理与城市孩子相差甚远，四叶草健康成长平台的开发旨在积聚爱心，帮助农民工留守子女健康成长。更确切地来说，四叶草健康成长平台是给予留守农民工子女希望、健康、幸运和幸福的平台。具体分解如下：

①帮助解决留守农民工子女与外界隔离、有心理障碍、无资助等问题；

②帮助解决农民工子女因父母监管不力，不能保证九年义务制教育问题；

③让留守农民工子女有机会走出家乡，增长见识；

④帮助解决农民工子女的生活问题、社会适应问题；

⑤弥补现有的资助平台的不足。

3. 项目创新点

本平台借鉴了以往平台的优点，具有公益资讯、爱心捐赠等传统功能，更是创新地提出关注留守农民工子女的身心健康成长，尤其是心理健康成长，并在平台上通过以下几个环节具体实现。

（1）心理咨询

针对农民工留守子女的心理问题，我们提供了线上和线下相结合的心理咨询服务。我们联系了许多青年志愿者协会，如北京联合大学管理学院青年志愿者协会，在平台上对留守农民工子女进行心理辅导，包括由专业心理医生进行心理辅导，或者心理医生以支教的形式进行线下辅导。具体功能实现可以点击平台主页“我要帮助”中的心理咨询功能。

（2）寻找笔友

在平台上留守农民工子女可以找城市的孩子做笔友，相互了解对方的生活，进行心灵上的交流；为留守农民工子女搭建一个交流学习的平台，让他们能够与城市里的孩子进行交流，这样不仅能够使他们了解城市里的生活，更能够让他们消减与城市孩子的距离感。具体功能体现在平台爱心论坛及主页的平台公告处。

（3）角色互换

平台提供留守农民工子女与城里的孩子进行角色互换的活动，为双方提供相互体验对方生活的机会，加强双方的全方位交流。此功能可以在平台公告处查询。

（二）市场分析

本项目已经完成项目的环境分析、数据调研工作和平台开发工作，并且平台的运营和宣传工作也开始进行。

1. 环境分析

（1）义务教育财政管理体制问题

现行教育体制遵循属地管理原则，即户口在哪里就在哪里接受教育。但随着流动人口大量增加，城市义务教育资源供给不能适应农民工子女急剧增加的态势，致使农民工子女的受教育问题成了当前我国义务教育普及工作的薄弱环节。

对大多数农民工来说，由于收入有限，借读费是一笔不小的费用。据调查，在北京，农民工子女上学的费用平均每年比本地学生多856元。这种状况就使国务院的“两为主”规定不能落到实处，从而使进城农民工子女被排斥在城市义务教育体系之外。

（2）学校的不公平境遇

既然公立学校不能完全接纳农民工子女入学，大批民办的农民工子弟学校便应运而生。而实际上，目前政府对农民工子弟学校的政策比较模糊，是“既不扶持又不砍掉”。大多数农民工子弟学校由于资金短缺，存在很多问题。一些教育主管部门有比较严重的城市本位观念，以地区、部门利益为重，动辄以办学规模太小、条件太差为由将农民工子弟学校关闭、驱赶，不给予其合法的办学地位，更谈不上让其与公办学校享受平等的优惠待遇。

（3）农民工子女不良的生存环境问题

不管是社会环境、自然环境、家庭教育环境，还是经济环境，农民工子女的教育都存在很多问题，社会各方面对农民工子女教育的重视程度不够，特别是教育行政主管部门对农民工子女学校和农民工子女教育问题关心少。虽然不少地方自发开办了一些农民工子弟学校，但一般都建在相对偏远的郊区，生活、交通、卫生环境都不太好。

（4）社会对农民工子女的歧视问题

一方面，公办中小学不愿接收农民工子女；另一方面，即使接收了，也是采取“一校两制”的办法，不能做到与本地学生一视同仁。

（5）辍学现象严重

相当一部分农民工子女被迫或主动放弃了受教育的机会，农民工子女辍学现象严重。

2. 需求分析

项目组的调研工作主要分为两部分：一是赴贵州省沿河土家族自治县进行实地调查，共发放了637份问卷，访谈了20户人家；二是通过网络发放并收回问卷956份。项目组对这些问卷进行了深入分析。

（1）现状分析

①留守农民工子女的现状

据全国妇联课题组2013年报告，由《2010年第六次全国人口普查主要数据公报》推算，全国有农村留守儿童6 102.55万，占农村儿童的37.70%，占全国儿童的21.88%。和第五次人口普查估算的2 443万留守儿童数量相比，十年间约增加了1.5倍。农村留守儿童呈现出数量多、增长快的态势，可以预见，在国家新型城镇化发展的征途中，农村留守儿童将会在未来较长一段时期内持续存在。

②有关政策和制度

近10年以来，国家出台了一系列相关政策和法令条例，如《流动儿童少年就学暂行办法》《中国儿童发展纲要（2001—2010年）》《国务院关于基础教育改革与发展的决定》《国务院办公厅关于做好农民进城务工就业管理和服务工作的通知》《关于进一步做好进城务工就业农民子女义务教育工作的意见》，以及2004年3月25日出台的《关于农民工子女在城市就读借读费、择校费或要求农民工捐资助学及摊派其他费用取消的规定》等都为农民工子女和城市儿童平等就学提供了宏观政策和法律保障。2003年12月，财政部等五部委发布的《关于将农民工管理等有关经费纳入财政预算支出范围有关问题的通知》中规定："地方各级财政部门要将农民工的治安管理、计划生育、劳动就业、子女教育等有关经费纳入正常的财政支出范围。"2006年中央一号文件指出要"认真解决务工农民的子女上学问题"。同年10月《中共中央关于构建和谐社会若干重大问题的决议》同样强调了要"保障农民工子女接受义务教育"以促进社会和谐。

③政策执行的现状

一方面，到目前为止，我国农民工子女教育和相关公共服务得到了改善。全国大部分地区都落实了以全日制公办中小学为主，接收农民工同住子女入学并免除借读费的政策，建立了农民工子女义务教育工作年度报告制度和考评制度，各村镇民办学校也得到了较好的发展。

另一方面，我们还应该清楚地看到由于地方政府的教育资源有限、教育经费紧张、各地流动人口数量的增长速度加快，给各地方政府的财政带来了很大的压力。很多地方政府执行政策的积极性不高，不少政策无法得到落实。政策执行上的偏差成为农民工子女教育问题依然严峻的一个重要原因。

（2）农民工子女的学业与学校

①农民工子女的受教育程度

此次接受问卷调查的人群中55%是初中生，25%是小学生，可以看出农民工子女上小学、初中的比例较高（其他因素除外），但其中有一部分是大学生或其他，这些人有可能正在求学中，但也有可能是初中毕业便外出和父母一起打拼。

②农民工子女的就读学校

此次接受问卷调查的人94%就读的是公立学校，农民工子女基本无法上私立学校，但目前农民工子女学校不普遍，甚至很多人都不知道有农民工子女学校。

③农民工子女的教师

63%的同学认为自己的老师责任心一般，37%的同学认为老师负责，可以看出，很多老师对农民工子女不够重视，农民工子女有些自卑，教师应该多注意农民工子女的教育问题。

④农民工子女的学业希望

此次接受问卷调查的同学98%都希望自己的学历达到大学及以上，可以看出很多农民工子女都有梦想、有追求，他们渴望更多的机会、渴望更高的学历，但也有2%的人觉得高中毕业就可以了，很多农民工子女都是初中毕业或高中毕业就外出务工，因为家里没有更多的钱支持他们继续完成学业。

⑤农民工子女是否想过制订学习计划和人生目标

47%的同学想过制订学习计划或者人生目标，50%的同学有想过但没有实施过，还有3%的同学没有想过，说明大多数农民工子女对自己的学习和人生目标有过规划。

⑥农民工子女的课余时间

调查结果显示，82%的同学做完作业后会干点自己想干的事，40%的人会帮家里干活，21%的人没什么安排，2%的人会上辅导班，在城里，很多同学周末都是上各种各样的辅导班，但是农民工子女却没有那样的待遇，无论成绩好坏，他们基本上不能去上辅导班，也没办法培养自己各方面的爱好。

（3）社会与家庭

①农民工子女与留守儿童接受调查情况

22%接受调查的人既是农民工子女又是留守儿童；55%左右接受调查的人是农民工子女，但不是留守儿童；22%接受调查的人既不是农民工子女也不是留守儿童。在留守儿童引起社会广泛关注的同时，农民工子女也应受到社会的关注。

②农民工子女是否有必要和父母一起到城里读书

65%的同学认为农民工子女有必要跟随父母到城里学习；21%的同学认为没有必要；15%的同学认为无所谓。可以看出，许多农民工子女渴望随父母到城里就读，希望得到更好的教育。

③对农民工子女受教育的印象

农民工子女比起同龄人，由于家庭环境和社会环境的关系受到的教育较差。

调查结果显示，有的农民工子女接受的家庭教育与其他孩子一样，有的农民工子女接受的家庭教育比其他人更差，仅有少数农民工子女接受的教育比其他人好。

④农民工子女之间的教育差距原因

农民工子女之间存在教育差距，这与学生本身的努力和天赋分不开，也与学生接受的家庭教育和学校教育有关，还与社会的关注有关。其实产生这个问题的主要原因在于学生本身，83%的同学认为与其本身关系最大。

⑤农民工子女的心理情况

77%的同学认为农民工子女不够自信，有不平等感，有孤独感；55%的同学认为农民工子女更要强；少数人认为和其他孩子没有差异。

（4）政策影响

①政府对农民工子女的补贴

调查结果显示，47%的农民工子女读书得到了当地政府的补贴，但是仍有53%的学生没有得到政府的补贴，由此看出政府对农民工子女的优惠政策较少或者大多数农民工子女不知道相关政策。

②政策导致的教育问题

城乡分割的户籍制度、教育政策没有坚持公平原则，我国义务教育阶段实行的分级办学和分级管理的政策、城乡教育存在差别与歧视是农民工子女教育问题产生的重要原因。

③难以解决的障碍

农民工的收入水平低、政府对教育部门的监督不到位、教育政策的不公平、户籍问题等，都是农民工子女在受教育方面难以解决的障碍。79%的人认为导致农民工子女教育问题难以克服的障碍是农民工的收入。

④政府对农民工子女受教育问题的态度

很多人都认为政府对农民工子女的教育问题不够重视，其中，78%的人认为政府对此问题的重视程度一般，还有19%的人认为政府根本没有重视农民工子女的教育问题，只有少数人认为政府足够重视农民工子女的教育问题。

3. 竞争对手分析

项目组通过网络调研，对同类的爱心平台进行了调查，目前类似资助贫困子弟的爱心网站大概可以分为特定对象资助、特定地区资助、病孤残资助三种类型，团队分别选取了代表特定对象资助的“捡回珍珠计划”，它主要针对品学兼优的高中生；代表特定地区资助的“爱心王博计划”，它主要针对西部地区的贫困孩子进行资助；代表病孤残资助的“心连心爱心资助”。我们对这三个代表网站和本平台进行了深入分析和对比，详见表5－1。

表5－1　同类以资助贫困生为主的爱心网站的对比分析

平台名称	捡回珍珠计划	爱心王博计划	心连心爱心资助	四叶草健康成长
服务对象	品学兼优、家庭特困的高中学生	西部地区的贫困孩子	在学习、生活上有困难的病、孤、残等特困家庭学生	农民工留守子女、爱心人士、农民工子女学校

续表

平台名称	捡回珍珠计划	爱心王博计划	心连心 爱心资助	四叶草 健康成长
优势	无地区限制，保证了家庭特困的特优生能安心在学校学习，不为学习、生活上的费用发愁	无差别地对西部贫困儿童进行帮扶，助其完成学业	①局限于地域，年级阶段；②不拘于成绩的好坏	①提供心理咨询服务；②提供交流平台；③提供留守农民工子女与城市孩子角色互换机会
劣势	①只负责高中阶段的学习生活，并不能让中小学的困难孩子受益；②无心理教育疏导	①功能不全面，没有落实到位；②有地域局限	①特殊的条件限制；②缺少心理问题的教育疏导	①知名度低；②资金短缺
备注	提供学生高中三年所需费用，包括学费、食、宿、服装、书籍等，并每月发给定额零用金	由甘肃农民纪实摄影家王博老师发起的具有民间性质的西部贫困儿童助学行动	它为社会各界爱心人士与病、孤、残等特困学生之间搭建方便快捷的桥梁	由大学生建立的平台，设立了心理辅导、角色互换等特色项目，性质为中间桥梁

（三）平台设计与开发

平台的功能结构图如图5－1所示。

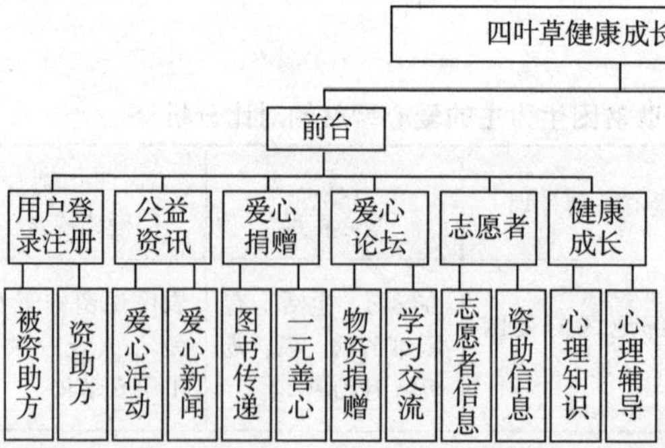

图5－1　平台功能结构图

1. 色彩与风格

网站总体运用了嫩绿、浅蓝、粉红、白等颜色，四叶草为嫩绿色，以深绿色为衬托，给人一种生机盎然、耳目一新的感觉，暗示了平台可以并且能够给那些贫困的孩子带来幸福、希望、幸运、健康。页面色彩不多，避免了网页花哨、杂乱、没有主色的问题，我们的主打颜色是绿色，即生命的颜色。除有链接的字体，其余字体一律采用黑色，遵循简约的设计风格，在保证基本要素完整的情况下，尽可能地减少不相关的内容、图片，以提高网民浏览信息的效率。

2. 网站前台

（1）网站登录界面

四叶草健康成长网站登录界面采用了以植物“四叶草”图片为背景的样式，象征着希望、爱、幸福、健康，同时也体现了平台的主题和意义。

前台界面最顶部为网站的名称“四叶草健康成长平台”，名称下面是功能栏，主要有“小站网页”“公益资讯”“爱心捐赠”“志愿者”“爱心论坛”“健康成长”“个人信息”等功能。接下来是一个文本框，文本框分为“我需要寻求帮助”和“我来帮助”两部分。再往下是一些活动的照片和用户登录系统。活动剪影下面是学生档案，学生档案下是几名需要资助的学生照片和姓名，点击学生照片就可以查看学生详细信息。注册登录系统正下方是新闻栏，接着是平台公告栏。页面最底部是我们的联系方式。

（2）前台功能

小站主页：小站主页功能分为“我要寻求帮助”“我来帮助”。“我要寻求帮助”包括我要求助、我要发帖、爱心记录。“我来帮助”包括爱心团队、证实信息、心理咨询和社区服务。用户登录、新闻栏、平台公告、学生档案等功能栏也在小站主页中体现。

公益资讯：留守农民工子女可以在这个功能下了解各种资助消息，无论是政府政策、企业资助还是明星资助或者个人资助的最新消息都会在平台上公布。对于在平台注册的留守农民工子女，平台会以短信或者电话的方式通知最新的资助信息及资助情况。平台也会经常组织各种各样的活动并公布在这里，用户可点击申请参加，申请成功后会弹出“您已经成功申请该活动”的对话框提醒用户，如果想了解详细情况可以点击查看。

爱心捐赠：该部分是一个图书馆平台，里面会有捐赠的各种各样的书籍，留守农民工子女可以通过这个平台借到他们想要的书，我们会通过这个平台将书本邮寄到留守农民工子女的家或者学校。同时它还是个生活必需品资助平台，留守农民工子女可以在这个平台上获得捐赠的生活必需品。用户可以点击申请，购买此商品，也可以点击查看按钮，查看商品详情。

志愿者：可以在这里申请成为志愿者去帮助那些贫困农民工子弟，这是一个聚集爱心人士的平台，有意愿帮助留守农民工子女的爱心人士可在平台上注册，我们会根据爱心人士的情况及留守农民工子女的情况进行自动配对，为留守农民工子女寻找资助人，为爱心人士寻找资助对象。搭建一个一对一或者一对多的资助平台，帮助有梦想、有追求、勤奋学习、发愤图强的贫困农民工子女完成他们的学业。也能帮助那些生活艰苦、为衣食担忧的贫困生度过他们艰苦的学习生涯。

爱心论坛：网民可以在这个功能下发表帖子表达自己的看法，也可以点击查看别人的帖子，互相借鉴交流。在这里，更多的是大家对农民工子女的学习或生活给予的建议。可以根据各自的想法，发表不同类型的文章，类型不限制。

健康成长：解决留守农民工子女的心理问题，平台上有心理专业的在校大学生，帮助解决留守农民工子女普遍存在的心理障碍。这也是我们平台与其他爱心资助平台不一样的地方。因人口流动引发的留守农民工子女问题已经成为不可忽视的社会问题，在这里，孩子们可以得到相应的心理问题解决方案，更有效地解决心理健康问题。

3. 网站后台

四叶草健康成长网站后台是管理员界面，以黑、白、灰三种颜色为主，页面左边是功能栏，有“用户管理”“公益资讯管理”“爱心捐赠管理”“志愿者管理”“爱心论坛管理”“心理健康管理”，点击每一个功能右边都会出现相应的管理框，管理员可以在此进行相关的操作。

（四）运营模式及财务分析

现代市场行情错综复杂，市场竞争激烈。平台采取正确的运营模式显得尤为重要，这是能否成功进入市场、巩固和发展市场的重要因素。因此，我们对平台运营的成本、资金计划进度及整个平台的盈利模式做了分析，力求以最少的资金来做最好的市场推广。

1. 资金需求

①网络平台建立的成本（运营人员、网站维护人员的工资，技术研发成本等）。

②网络平台的运营、推广成本（校园推广、微信推广、传统模式推广等）。

2. 运营模式

平台的建立基础来源于2016年暑期社会实践“四叶草赴贵州省沿河土家族自治县留守农民工子女的教育状况调研”的结果，由理论成果进一步升级成实际平台。该平台的运营模式有广告模式、平台合作模式、交易费用模式、服务费用模式、授权模式。

（1）广告模式

四叶草健康成长平台会根据其公益目标，在平台上展示一些公益性的公告，吸引更多人的眼球，从而让更多关心留守农民工子女成长的人士关注我们的平台。比如在首页中放置浮动广告，同时也会以Logo等形式进行宣传。

（2）平台合作模式

四叶草健康成长平台可以与一些爱心组织进行合作，将爱心组织的一些官方活动展示在平台上，让更多的留守农民工子女多知道一些爱心组织的信息，并将爱心组织的资助信息发布在上面。

（3）交易费用模式

四叶草健康成长平台将会与需要宣传地方旅游的组织进行合作，给对方提供一个宣传的平台，同时该组织需要向平台缴纳一定的宣传费。

（4）服务费用模式

四叶草健康成长平台的管理者会组织城市孩子下乡体验游，为他们提供乡下吃住服务，以此收取服务费用，用于平台维护与善心资助。

（5）授权模式

四叶草健康成长平台后期将会把平台的版权授予对其感兴趣的个人或者组织，从而进一步完善平台功能，进一步促进其发展。

（五）市场营销

1. 营销策划概要

四叶草健康成长平台完全由在校大学生开发建立和运营。我们致力于留守农民工子女的健康成长问题，为了让更多的人了解和加入我们，我们的营销策划是推广、宣传这个平台。

四叶草健康成长可以给在校大学生志愿者提供一个平台，他们可以通过注册去帮助留守农民工子女解决学习和生活问题，在孩子们的生活和学习中充当“知心姐姐”“知心哥哥”的角色，疏导孩子的心理健康问题，体现自我价值。同时有些家庭小康及富裕的孩子也可以通过这个平台与留守农民工子女进行角色互换，体验不一样的人生，体验不一样的生活。资助者们则可以通过这个平台献爱心，不必担心资助不落实的问题。我们平台提供真实完整的信息，甚至资助者可以随时越过平台与被资助的孩子联系。并且随着平台知名度的提高，在一定程度上也能起到提升资助者知名度的作用。因此，我们主要推出这个平台的人性化、真实性以及同资助者的“共赢”。

2. 营销活动策划

我们的营销活动分为三个阶段来进行，分别是初期、中期和长期。

（1）初期——多渠道宣传，注重吸引资源方合作

在我们的网站正式上线之前，为了节约成本我们将会通过微信、QQ、微博、贴吧等方式进行推广，同时，我们将时刻关注相关网站发布的信息，努力关注留守农民工子女的公益团体沟通交流，向他们学习经验，弥补缺陷。多方联系留守农民工子女所在的地区，以积极向上的心态宣传平台，以温和体贴的行为呵护孩子，让孩子家长和各方人士了解、认识我们的平台。在推出四叶草健康成长平台时，用它独特的人性化、真实性来占领市场。

（2）中期——保证信息的可靠性，提高知名度

在四叶草健康成长平台正式上线且功能更加完善后，为了能够让网站尽快运转，快速增加用户量，我们要对各种信息来源进行核实，保证信息的真实可靠。只有保证信息可靠，才能吸引用户注册。我们还将联系一些慈善家对平台进行赞助，以维护平台的正常运行。对平台进行营销，提高平台的知名度，扩大平台的市场占有量，让更多的人看到我们的平台并参与进来。

（3）长期——保持用户忠诚度

经过一定时间的发展，平台上将会拥有一定数量的用户，但为了保证平台用户继续保持对平台的忠诚度，我们需要持续关注国家相关政策、关注时事，来更新信息，落实资助信息。另外，我们仍需要扩大平台的知名度，吸引更多的志愿者、资助者和被资助者。我们通过和“老用户”的协商，借助他们各自的人脉圈子推广平台。同时，联系更多的大学生团体，打造第一志愿团队。做到哪里有通信，哪里就有我们，哪里就有爱心和关注。

3. 营销目的

本次活动主要是推出四叶草健康成长平台，吸引资助双方和志愿团队

注册，提高平台的知名度，解决留守农民工子女的生活、学习、心理问题。

4. 宣传方式

（1）校园宣传

大学生志愿团队会发展成为平台的中坚力量，所以我们会先在大学生的圈子中推广，组建自己的后勤团队。大学生人数多而范围广，也起到互相推广的作用，有助于平台以更快捷的方式提高知名度。同时我们也通过联系留守农民工子女地区的学校，让学校出面推广平台，吸引被资助者在平台上注册。

（2）通信宣传

我们利用微信、QQ 等聊天工具推送公众号文章，进行消息转发、传播。目前，我们已经拥有了自己的公众号，并且已经推出了平台介绍和渴求广大爱心人士帮助留守农民工子女的信息。同时，我们小组成员利用各自的同学亲友等人脉，让他们通过聊天软件的方式，帮助我们进行传播，达到推广的目的。

我们宣传作品的微信公众号名为“四叶草 Grower”，旨在宣传推广四叶草健康成长平台，为平台吸引更多用户注册，吸引慈善家的投资，吸引各大高校大学生的支持，吸引社会各界的广泛关注……希望以此来提高平台的知名度。我们的宗旨是联合大学生志愿者，帮扶农民工子女成长。在这个平台上，点击相应的功能，就能得到相应的服务。如点击“心理有你”，就会看到相应的有关心理的文章。我们会慢慢完善我们的宣传公众号，坚持推送文章，提高我们的知名度，让更多的人参与到帮助留守农民工子女这一爱心事业中来。

（3）微博、论坛、贴吧宣传

我们在各大知名的论坛贴吧开设专题、交流推广，提高平台知名度。我们已经开设自己的团队微博，通过网络介绍并推广我们的平台，希望吸引更多的爱心人士加盟。

（4）“前辈”宣传

我们的平台不是第一家资助平台，在我们成立之前已有很多取得相当成绩的平台，我们可以联系相关平台的“前辈们”为我们进行推广宣传，保证平台真实度。目前，我们已经查找并掌握了一些相关平台的资料，有望通过联系得到帮助，进而形成互帮互助的关系。

案例 6 耳榄
——绿色产品网络商务创业实施

一、项目简介

该项目依托于北京享瞰科技有限公司，成立于2017年4月，已与海南榄人福绿色产业开发有限公司达成合作协议，以斯里兰卡橄榄为原材料，进行深加工产品的联合研发、推广销售、产业园建设等合作，致力于推动橄榄产业的发展，在海南省海口市政府的大力支持下，通过搭建“公司+基地+农户”平台，全力打造斯里兰卡橄榄推广种植、产品研发、加工生产及推广销售的产业链。

该项目前期以青年人为核心，主要针对青年人成长发育、健康生活，为青年人补充维生素、钙，作用是清肺、解酒；另外，以儿童和青少年人群为辅，进行产品销售；后期以中老年人健康为核心，产品主要为中老年人补钙、保健。通过该项目的实施达到“以健康理念引领大众健康生活，带动当地农户致富”的目的。

该项目实施了近一年，开展了斯里兰卡橄榄汁推广销售的相关工作，主要基于公众号宣传海南特色文化和海南斯里兰卡橄榄历史，与数家门店合作进行线上线下销售，并且举办了橄榄汁试喝活动，通过赞助比赛、与咖啡馆合作等进行了初步宣传，准备建设小众社群推广。

该项目的核心技术和主要资源有斯里兰卡橄榄、去核技术及政府支持。斯里兰卡橄榄营养丰富，其钙含量约为牛奶的 7 倍，并具有清肺、解酒等功能；合作企业海南榄人福绿色产业开发有限公司拥有唯一的斯里兰卡橄榄去核技术；自 2000 年以来，在海南省各级政府的支持下，斯里兰卡橄榄的种植已初具规模。

现阶段的主要成果：已开发出橄榄汁、橄榄酱等产品；已与北京三家咖啡馆、云南大益爱心茶室和遇见女神慢摇吧达成合作；已与海南欧椰生态农业发展有限公司、海天一舍、大禾拍、美索不达米亚等多家企业建立良好合作关系；已初步搭建耳榄小世界微信公众号、微博、App 等推广平台；2018 年 5 月举办张家口三校联合销售比赛；目前在海南省已有一家橄榄厨房、橄榄咖啡厅，海南的客流量达到 2 万。北京享瞰科技有限公司董事长郭安具有丰富的企业管理经验和资本运作能力，曾在家族企业担任总经理和董事。

项目的创新点：以健康产品斯里兰卡橄榄为原材料，通过深加工技术造福中国消费者；营销模式方面，通过建立线上小众社群，聚集核心观念一致的人群，形成稳定消费人群，达到粉丝参与策划、人数裂变的目的。

二、团队成员简介

郭安：北京联合大学管理学院电子商务专业 2013 级本科生。

王二妹：北京联合大学管理学院电子商务专业 2013 级本科生。

田俊松：北京联合大学管理学院工商管理专业 2013 级本科生。

罗林：北京联合大学管理学院电子商务专业 2013 级本科生。

苑婧怡：北京联合大学管理学院电子商务专业 2012 级本科生。

王晓红（指导教师）：北京联合大学管理学院电子商务专业教师，硕士，教授。主持和参与各类科研和教研项目 10 余项；以第一作者身份发表论文 30 余篇；主编“十二五”职业教育国家规划教材 1 部、普通高等教育“十一五”国家级规划教材 2 部。

田玲（指导教师）：北京联合大学管理学院电子商务专业教师，博士，副教授，北京市中青年骨干教师，“双师型”素质教师，学生课外活动优秀指导老师。

三、项目策划书概要

（一）项目介绍

项目名称：耳榄——绿色产品网络商务创业实施。

耳榄的寓意为“听海长大的橄榄”。本项目依托于北京享瞰科技有限公司（以下简称北京享瞰公司），以斯里兰卡橄榄为原材料进行产品深加工、产品推广及销售，参与橄榄培育基地建设，在海南省海口市政府的大力支持下，打造“公司+基地+农户”平台，从而实现以健康理念引领大众健康生活，以及带动当地农户致富，其项目运营计划如图6-1所示。

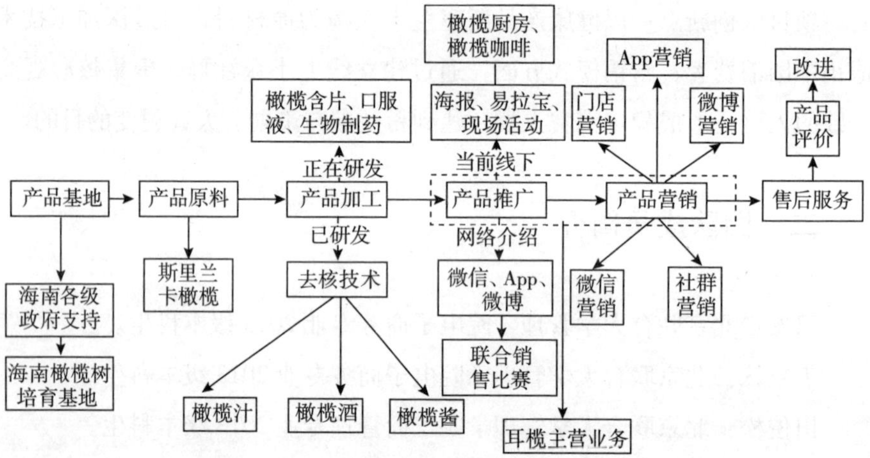

图6-1 北京享瞰公司——耳榄项目运营图

1. 项目背景

北京享瞰公司团队先后赴海南榄人福绿色产业开发有限公司（以下简称海南榄人福公司）、云南等地进行同类橄榄产品市场现状调研，发现海南榄人福公司的斯里兰卡橄榄产品具有明显的优势和广阔的发展前景。北京享瞰公司决定与海南榄人福公司达成合作协议，从事斯里兰卡橄榄及深加工产品的联合研发、推广销售、产业园建设等，致力于推动橄榄产业的发展，全力打造斯里兰卡橄榄推广种植、产品研发、加工生产及推广销售的产业链。

2. 产品介绍

橄榄营养丰富，是大众公认的健康产品，其钙含量高，具有清肺、解酒等功效。斯里兰卡橄榄属多年生乔木植物，其果实营养丰富，药食两用。不仅富含人体所需要的18种氨基酸和磷、钙、铁等矿物质，以及维生素A、B、D、K、E等多种微量元素，而且具有降血脂、降血压、助消化、健胃、止渴、醒酒、止咳、治咽喉肿痛、减肥、促进儿童骨骼发育、补钙等多种药用功效；咀嚼橄榄，可治牙龈炎、口腔炎；吃橄榄叶粉末，可控制血压，降低血糖，促进人体血液循环，防止血管硬化。

在橄榄的营养成分上，斯里兰卡橄榄许多指标远远高于我国本土橄榄，特别是钙含量高出我国本土橄榄近4倍，而植物钙易于为人体所吸收，不愧为天然的补钙食品。经福建农林大学食品科学技术研究所检测，斯里兰卡橄榄和我国本土橄榄的营养成分对比见表6－1。

表6－1 斯里兰卡橄榄与本土橄榄营养成分对比表

橄榄品种	总糖	蛋白质	脂肪	磷	钙	维生素C
斯里兰卡橄榄	17%	2.4%	3.5%	0.0976%	0.964%	0.274%
中国橄榄	12%	1.2%	1.09%	0.046%	0.204%	0.02%

3. 项目进展情况

（1）积极拓展合作渠道

北京享瞰公司于2017年4月注册，现已成立5年多，先后进行了QS申请，举办橄榄汁试喝活动，通过赞助比赛，与咖啡馆合作等进行初步宣传推广，已建立小众社群进行产品推广。

• 已与北京三家咖啡馆、云南大益爱心茶室和遇见女神慢摇吧达成合作。经过一段时间合作，项目团队发现咖啡馆收益较好；爱心茶室主营茶业，销售额较低；遇见女神慢摇吧需要压货。为此耳榄项目主要与咖啡馆进行合作。

• 已与多家企业建立了良好的合作关系，主要有海南欧椰生态农业发展有限公司、海天一舍、大禾拍、美索不达米亚等企业，合作企业如图6－2所示。

图6－2　北京享瞰公司合作企业

• 2018年5月张家口三所高校（张家口学院、河北建筑大学、河北北方学院）联合举办推广销售竞赛，耳榄为主要赞助商。

• 在海南已有一家橄榄厨房、橄榄咖啡厅。目前在海南客流量已经累计达到2万人。

（2）深加工产品研发

北京享瞰公司参与研发的斯里兰卡橄榄产品主要有：

• 已开发生产的产品：橄榄汁、橄榄酱，如图6－3所示。

图6－3　斯里兰卡橄榄产品

• 正在研制开发的产品：橄榄含片、橄榄口服液、橄榄生物制药等。

4. 项目创新点

健康产品及深加工技术是本项目的主要创新点。

（1）橄榄产品

在橄榄加工方面，北京享瞰公司与海南榄人福公司先后投入资金，聘请中国农科院、海南省农科院有关专家常年担任技术顾问，建立橄榄种植优质示范园和种子基地，培养自己的技术队伍，为农户提供种植技术咨询服务。在对外协作方面，海南榄人福公司还与福建农林大学食品科学技术研究所联合开发了橄榄汁、橄榄口服液、橄榄酒等产品，为建立加工基地和工厂打下了基础，做好了橄榄产业化经营的充分准备。

（2）去核技术

合作公司海南榄人福公司拥有斯里兰卡橄榄去核技术（由海南榄人福公司和海南大学共同研发）。

（二）企业概况

北京享瞰公司成立于2017年4月，地址为北京望京东园。为了响应国家的绿色工程号召，公司以建设“三大工程”（富民工程、生态工程、健康工程）为宗旨，造福子孙后代。目前主营斯里兰卡橄榄产品推广销售、橄榄系列产品研发及橄榄产业园的建设，现有员工15人，法人代表为项目团队队长、公司创始人，项目团队以学校学生团队为主。

1. 公司组织结构

北京享瞰公司的内部机构职责清晰、管理高效，公司的内部组织结构如图6－4所示。

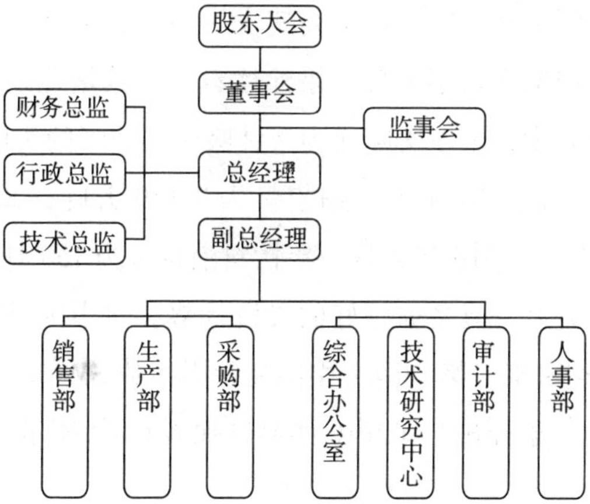

图6－4　北京享瞰公司组织结构图

2. 团队介绍

北京享瞰公司拥有一支优秀的管理团队，集聚了具有丰富的文案和销售经验的人才。公司现有员工 15 人，其中销售人员占 60%，北京享瞰公司管理团队由董事长郭安、CEO 金昊锋、财务总监朱连泽组成。

3. 团队优势

现任董事长郭安具有丰富的企业管理经验和资本运作能力，曾在家族企业担任总经理和董事，自入职以来，曾在淘宝双 11 活动中创造销量破 1 000万的业绩，并使云南、重庆、山东交易额增加了 270%。总经理兼财务总监朱连泽先生是公司的联合创始人，也是公司的主要财务负责人。某社群 CEO 金昊锋占股 8%，是云南大学创业导师，曾出书《从 0 到亿：诚信力价值经营启示录》。

耳榄项目还有两位经验丰富的指导教师，系北京联合大学管理学院电子商务专业王晓红教授、田玲副教授。同时，公司管理人员及工作员工均是“95 后”年轻人，对网络时代有着深刻的理解，具有互联网思维和意识。另外，公司将不断引进各种人才充实管理队伍。

（三）市场分析

1. 市场可行性分析

近年来，中国果汁饮料市场呈高速发展态势，果汁市场的迅速崛起与消费者的健康意识增强密不可分，果汁饮料，尤其是纯果汁富含身体必需的维生素和微量元素，健康美味成为果汁吸引消费者的主因。

中国人口众多，2016 年果汁销售量为 7 139 万吨，2017 年为 1. 03 亿吨，增长了 31. 3%。2016 年人均一年饮料消费量为 150 杯，未来中国果汁行业的发展前景看好，具备非常好的投资优势。在中国品牌评级机构 4 月 10 日发布的“2018 年（第八届）中国品牌力指数 SM（C－BPI）品牌排名和分析报告”中，果汁排名 TOP10 的品牌如表 6－2 所示。

表 6－2　果汁品牌排名 TOP10

2019 年排名	排名变化	品牌	品牌发源地	C－BPI 得分	品牌认知			品牌关系		
					第一提及（%）	未提示（%）	有提示（%）	品牌联想（%）	品牌忠诚（%）	品牌偏好（%）
第 1 名	—	汇源	北京	684.8	63.8	85.1	87.4	77.2	53.4	58.5
第 2 名	—	味全每日 C	中国台湾	431.1	14.5	65.4	71.9	64.9	51.3	16.6
第 3 名	+1	大湖	美国	307.6	3.4	37.6	46.0	63.5	48.2	3.3
第 4 名	+1	都乐	美国	277.5	2.2	29.3	39.9	62.8	45.3	2.2
第 5 名	+1	农夫山泉	浙江	261.6	0.7	11.9	15.5	83.5	49.4	1.6
第 6 名	+1	中粮悦活	北京	244.2	1.3	17.7	28.3	64.5	43.6	1.4
第 7 名	+2	橙宝	天津	234.6	0.5	11.4	18.1	71.5	44.6	1.1
第 8 名	—	派森百	重庆	228.7	1.1	13.6	21.6	61.3	45.1	1.2
第 9 名	+1	帕玛拉特		210.8	0.7	9.5	16.7	65.2	39.5	0.9
第 10 名	new	嘉宝		205.7	0.4	7.8	13.6	73.2	34.5	0.4

资料来源：Chnbrand 2019 年中国品牌力指数 SM（C－BPI®）100% 纯果汁品牌排名细分指标；事先未经 Chnbrand 明确书面同意，禁止将本图表信息或研究结果用于广告或促销。

说明：①品牌上榜条件是未提示提及率≥7%；②得分基于 1 000 分制。

2. 技术可行性分析

海南榄人福公司拥有强大的科研力量。公司已聘请中国农科院、海南省农科院专家常年担任技术顾问，并在龙华区羊山地区合作建立了橄榄种植基地，用以培育良种、示范推广和科学试验。海南榄人福公司还与福建农林大学食品科学技术研究所联手，共同研究开发橄榄汁、橄榄口服液、橄榄酒等系列产品，并由福建农林大学郑宝东教授担任项目技术负责人。

3. 政策可行性分析

海南榄人福公司和北京享瞰公司开发橄榄系列产品获得了海南省政府、海口市政府及龙华区政府的强力支持，在土地供应、资金、税收政策等方面享受优惠。

4. 竞争优势分析

北京享瞰公司开发橄榄系列产品有以下优势。

第一，环保绿色。因斯里兰卡橄榄有很强的抗病虫能力，种植过程中不打任何农药，保证了产品的品质。在加工过程中，不添加任何防腐剂，符合饮料绿色环保的潮流。

第二，营养均衡全面，营养成分高。主要成分综合指标高于一般水果，特别是富含植物钙，易于人体吸收。补钙应成为斯里兰卡橄榄汁和橄榄口服液的主要卖点，对橄榄汁和橄榄口服液可着重强调补钙功能，这种独特的补钙产品应会受到老人和小孩的欢迎。

第三，药用价值明显。耳榄橄榄产品有明显的减肥、调血脂、降血压、护肝、醒酒等效果。这对中老年消费者有很大的吸引力。耳榄橄榄口服液对护肝醒酒有特殊功效。中国人好酒，针对饮酒者而言有较大的市场空间。对橄榄酒，可强调其降血压、调血脂的功效。

第四，口味独特，回味无穷。如橄榄汁作为一种新型的果蔬饮料，橄榄风味明显，口感清爽，是产品的一大特色。橄榄果酒具有纯正的橄榄风味、独特的口感，饮后令人难以忘怀。

但是，目前橄榄系列产品品牌尚未形成，销售网络尚未建立。品牌形成有一个过程，进入市场后与消费者有一个磨合期，要想打开市场，必须加大宣传和营销力度。

（四）商业模式

1. 商业画布

北京享瞰公司初期主要生产以斯里兰卡橄榄为原材料的橄榄汁、橄榄酱等产品，主要针对青年人成长发育、健康生活，为青年人补充 VC、钙等；另外，以儿童和青少年为辅，解决幼儿和青少年成长发育时期的补钙问题。后期相继研发橄榄酒、橄榄含片、橄榄口服液等产品，针对中老年人解决钙流失、预防心血管疾病等保健问题。与海南多家公司合作建设产业园基地；通过线上线下整合营销的方式进行推广销售，通过搭建“公司＋基地＋农户”平台，全力打造斯里兰卡橄榄推广种植、产品研发、加工生产及推广销售的产业链。北京享瞰公司将以健康理念引领大众健康生活，以带动地方农户致富为理念，整合利用资源及市场反馈，运用品牌战略，逐步树立耳榄项目的品牌形象。

2. 目标客户

前期以青年人为核心，以儿童和青少年为辅；后期以中老年人为核心，占领中老年保健食品消费市场。

（1）主要目标客户

前期客户以青年人为主，针对青年人成长发育、健康生活。斯里兰卡橄榄富含维生素、钙等身体必需元素，青年人可饮用以补充 VC、钙等，且对吸烟、喝酒等人群，该产品具有清肺、解酒的功效。

（2）其他目标客户

儿童和青少年。针对儿童和青少年，以补充植物钙为卖点，以橄榄的特殊口味吸引客户持久消费，培养客户的忠诚度和消费偏好。橄榄富含人体所需要的多种氨基酸、矿物质及微量元素，具有促进儿童骨骼发育、补钙等功效。

中老年群体。后期以中老年客户为主要目标市场。随着年龄的增长，中老年人身体钙元素会逐渐流失且易患各类疾病，斯里兰卡橄榄对于预防心血管疾病和糖尿病有良好的作用，有降血脂、降血压等功效。

3. 盈利模式

（1）产品直销

北京享瞰公司在网站上登录商品信息或者在线下实体店进行直接销售，获得商品销售利润。

（2）售会员卡

“IP 会员”是用来凸显用户“尊贵身份”的常见方式，在年轻人特别是学生人群中非常受欢迎。公司可以通过发放会员卡的形式让用户提升“身份”，为持卡会员提供更实惠的商品、更贴心的服务。

（五）营销策略

1. 线上营销

为提高公司的竞争力，应对当前快速发展的网络商务应用，本团队策划了耳榄——绿色产品网络商务创新平台，其是以宣传和销售公司的绿色产品为纽带，便捷地与各地农户的网络沟通交流，并拥有农业百科、个性DIY、农家乐、绿色生态旅游、农户加入等可持续性发展项目的综合性平台，并拥有自己的网站，建设有配套的App、微信公众号和微博等。本创业项目已经拥有了自己的线下产品和销售渠道，旨在实现耳榄——绿色产品的网上宣传和销售，加强与各地农户的快速沟通和线上联系，并开发独具特色的农业百科、个性DIY、农家乐、绿色生态旅游、农业嘉年华等项目。

2. 线下营销

在营销的初期阶段，北京享瞰公司将借助其他公司现成的营销网络，打开市场。北京享瞰公司现已与云南大益爱心茶室和遇见女神慢摇吧达成了代销橄榄系列产品的意向。利用这些渠道，将可以迅速铺开市场，当然，公司也将让出较大的利润空间，以激励代理商推销橄榄系列产品。

公司未来还将以连锁加盟的方式，建立橄榄系列产品专卖店。以专卖店为营销的堡垒，通过演示、讲解等方式，宣传橄榄产品的好处，以拉动产品的销售。

（六）财务分析

1. 营业收入

营业收入参见表6－3。

表6－3　营业收入表

项目	单价	数量	合计
橄榄汁（鲜榨）	15元/杯	3 460杯	51 900元
橄榄果	12元/斤	7 075斤	84 900元
合计			136 800元

2. 成本分析

橄榄汁饮料收入：按成本定价法，每杯鲜榨橄榄汁4元。

橄榄口服液收入：按终端定价法每瓶8元计算。

橄榄酒收入：按终端定价法每瓶90元计算。

橄榄汁成本：根据测算，每杯橄榄饮料综合生产制造成本为13元，销售费用0.8元，销售税金0.8元，管理费用0.5元。

橄榄口服液成本：据初步测算，每瓶橄榄口服液生产成本为0.485元，销售费用3.2元，销售税金0.64元，管理费用0.4元。

橄榄酒成本：生产成本为2.78元，销售费用36元，销售税金7.2元，管理费用为4.5元。

财务费用：代理记账成本300元/月，每年工商年报、汇算清缴、残保金缴纳1 000元，总共4 600元。

所得税利润按总额的15%计算。

3. 利润表

利润表参见表6－4。

表6－4 利润表 单位：元

项目	2017年（第一年）
一、销售收入	13 6800
减：制造成本	57 500
税金	13 481
二、销售利润	65 819
减：销售费用	18 000
管理费用	6 000
财务费用	4 600
场地费用	20 000
三、营业利润	17 219
减：所得税	2 582.85
四、净利润	14 636.15

（七）项目总结和展望

1. 前期投入

为达到北京享瞰公司的销售和橄榄产业化经营目标，根据与合作公司近五年的发展计划，前期投入资金340万元，主要包括现有股东增资、吸引新股东投资、争取政府资金支持和申请银行贷款等。表6-5为北京享瞰公司耳榄项目投入表。

表6-5 耳榄项目前期投入表

序号	投资项目	投资预算（万元）	备注
1	公司地址费用	10	公司工位2年费用
2	设备费用	5	笔记本电脑以及多媒体投放等
3	橄榄产业园后期参与建设	200	550亩橄榄示范园及种苗基地
4	人员成本	25	公司2年运营费用
5	建设性贷款利息	10	年息7.56%，两年期贷款130万元
6	流动资金	90	
合计		340	

2. 融资方案

耳榄项目产品投入市场之后，为了扩大生产、经营，预出让10%股份融资500万元，进行橄榄培育园维护及产品升级。表6-6为耳榄项目融资表。

表6-6 耳榄项目融资表

序号	投资项目	投资预算（万元）	备注
1	公司地址费用	100	
2	设备费用	5	电脑以及其他办公用品
3	橄榄培育园维护	200	土地翻新以及永久墙建设
4	人员成本	45	运营人员成本
5	产品线扩大与搭建	100	与代工厂合作
6	流动资金	50	
合计		500	

3. 预算报表

（1）未来收入及利润预算

未来三年总销售收入：2018 年 120 万元，2019 年 540 万元，2020 年 1 000万元。表 6－7 为耳榄项目产品收入预测表，表 6－8 为耳榄项目利润预测表。

表 6－7　耳榄项目产品收入预测表

项目	2017 年	2018 年	2019 年	2020 年
年产量（斤）	7 000	40 000	180 000	350 000
产品销售单价（元/斤）	30	30	30	30
年销售收入（万元）	21	120	540	1 000

表 6－8　耳榄项目利润预测表　　单位：万元

项目	2017 年	2018 年	2019 年	2020 年
主营业务收入	20	120	540	1 000
主营业务利润	9	70	270	400
净利润	7	40	200	350

（2）财务指标分析

投资回收期＝总投资/净利润＋建设期＝500/220＋1 年建设期＝3.27 年

投资利润率＝年利润/总投资×100%＝220/500＝44%

销售利润率＝利润总额/销售总额×100%＝220/650×100%＝33.8%

（3）盈亏平衡点分析

盈亏平衡点 BEP ＝年固定成本/（年销售收入－年可变成本－年税收）×100%＝35.8%

上述计算表明，该项目只需达到设计能力的 35.8% 就能保本，公司抗风险能力很强。目前尚未计算仓储成本、场地成本。

案例 7 蛋源地——绿色生态农业养殖基地平台策划

一、项目简介

“蛋源地”绿色生态农业养殖基地平台是一个以宣传和销售绿色农产品为纽带，并拥有农业百科、个性 DIY、农家乐、绿色生态旅游等可持续性发展项目的综合性平台，拥有自己的网站，并建设有配套的 App、微信公众号和微博等。本创业项目受蛋源地绿色生态农业公司委托，旨在实现养殖基地中农产品的网上宣传和销售，并开发独具特色的项目，平台拥有当下最火爆的特色功能——视频直播，可以远程观看养殖基地实时情况，做到让顾客买得放心、吃得放心、玩得放心。

本文对“蛋源地”网站进行了系统全面的分析、策划和建设。首先，应对“互联网 + 农业”发展趋势，通过对养殖基地负责人访谈、北京及周边人群对绿色农产品的兴趣和需求，以及各竞争者的分析，明确了项目定位，发展目标、方向和特色；通过对企业各项可控资源及企业微观环境的分析，确定了项目网站、App、微信公众号和微博等的具体分类和网站营销的方法。“蛋源地”网站初步设计了 6 个版块，分别是产品展示、产品百科、视频直播、旅游咨询、企业介绍、联系我们，项目分类明确易辨。“蛋源地”的网页简单大气，利用经典色彩的搭配及版块的合理分布，突出重点，注重细节，确保消费者的完美体验。蛋源地App配合网站运营，便于移动用户的应用，微信公众号和微博主要用于项目的宣传、介绍和推广。本文利用各式图片、问卷式市场调查，以及各式管理分析工具对“蛋源地”网站的发展、目标及风险进行了全面的分析和诠释。

二、团队成员简介

孙铭洋：北京联合大学管理学院电子商务专业2015级本科生。

陈兴：北京联合大学管理学院电子商务专业2015级本科生。

张燕文：北京联合大学管理学院电子商务专业2015级本科生。

高隆：北京联合大学管理学院电子商务专业2015级本科生。

王晓红（指导教师）：北京联合大学管理学院电子商务专业教师，硕士，教授。主持和参与各类科研和教研项目10余项；以第一作者身份发表论文30余篇；主编“十二五”职业教育国家规划教材1部、普通高等教育“十一五”国家级规划教材2部。

田玲（指导教师）：北京联合大学管理学院信息管理与电子商务专业教师，博士，副教授，北京市中青年骨干教师，“双师型”素质教师，学生课外活动优秀指导老师。

三、项目策划书概要

（一）项目介绍

1. 项目名称

蛋源地—— 绿色生态农业养殖基地平台策划。

2. 创新及特色

①我们拥有众多平台渠道，其中包括网站、App、微信公众号和微博等。App依托于网站，相较于网站而言，App有更好的用户交互系统，看

直播视频更加稳定。微信公众号定期发布推文吸引顾客，并且将优惠、活动等信息推送给关注用户。微博用户群体庞大，为我们的网络营销提供了重要的平台保障。

②我们拥有两项极具特色的功能。第一，为客户提供24小时全天候视频直播功能，客户可以在任何有网络连接的地方，随时观看养殖场的情况，并可以对养殖提出建议。第二，网站提供在线预约、实地参观服务，客户可以提前从网站预约参观养殖基地的时间，前来体验。

"互联网+农业"是一种革命性的产业模式创新，"蛋源地"通过便利化、实时化、感知化、物联化、智能化等手段，为农地确权、农技推广、农村金融、农村管理等提供精确、动态、科学的全方位信息服务，正成为现代农业跨越式发展的新引擎。

③"蛋源地"网站通过与企业合作会定期开展丰富多彩的活动，例如，参观、采摘、爬山、野炊、BBQ、个性DIY、亲子农家乐、绿色生态游、农业嘉年华等。同时，"影响力"会结合中西方的节日开展有节日特色的活动，如在青年节开展"菜品DIY直播"活动。

④星星之火可以燎原。北京周边的农业养殖基地有很多，其中尚未实现"互联网+农业"的农业养殖基地也有很多。希望通过我们的比赛平台，未来能吸引更多的养殖基地加入，逐步扩大规模，成为大学生实习、参与和创业的平台。

3. 项目进展情况

目前，该项目在团队运营下已经取得了一定的成果，项目进程如表7-1所示。

表7-1　项目进程表

序号	进程名称	完成情况	工期计划	起止时间（2016年起）
1	组建团队 创意定位	已完成	5日	9.10—9.15
2	总体规划	已完成	7日	9.17—9.24
3	市场调研并分析	已完成	12日	10.8—10.20

续表

序号	进程名称	完成情况	工期计划	起止时间（2016 年起）
4	网站建设、App 开发	已完成	30 日	10. 15—11. 15
5	创建企业微博微信公众号	已完成	2 日	11. 15—11. 17
6	建设基地	已完成	30 日	11. 18—12. 18
7	完善网站 完善基地	进行中	100 日	12. 18—次年 3. 28
8	网站测试运营	待完成	7 日	12. 1—12. 8
9	设计宣传单并发放	待完成	30 日	2. 8—3. 8
10	网站正式运营	待完成	3 日	4. 5—4. 8
11	产品上市	待完成	30 日	4. 8—5. 8
12	大力宣传并深入实施	待完成	100 日	4. 8 起

（二）市场分析

1. 消费群体的需求环境分析

（1）企业调查

“蛋源地”绿色生态农业养殖基地位于北京市延庆区，占地面积广，环境优美，人烟稀少。生产基地共 4 000 平方米，是自有养殖基地，主要经营家禽家畜类养殖、生产与生态绿色旅游开发。目前的经营方式以农业为主，在养殖中心中分别有鸡 500 只、鸭 400 只、牛 50 头，主要用于农业绿色生态产品生产和研究。除此之外，还有 2 000 平方米用于生态旅游，包括绿色生态活动的庭院、果园、花园、农场和牧场等，主要用来开发生态绿地、果蔬采摘、农家乐等。

和“蛋源地”合作的养殖基地地处北京延庆，经本小组成员与养殖基地负责人的调研和访谈，养殖基地愿意开通网上平台，且愿意为消费者提供以农牧业为体验的特色观光、娱乐、采摘等，并且通过互联网 + 直播平台技术手段，采取网络直播的方式，让消费者清楚、直观地看到绿色农产品的生长情况，努力打造“信息支撑、管理协同，产出高效、产品安全，资源节约、环境友好”的现代农业发展升级版。

①企业员工

“蛋源地”员工可以采取全职和兼职两种方式，全职员工是企业的核心，一部分为当地农民，约有30人，主要负责农业养殖及农家乐运营，另一部分为技术型员工，有10人，主要负责蛋源地网站、直播平台、网站客户的选择。兼职的员工大多为大学生，负责对接蛋源地企业信息来源，并进行网站推广。在各地聘请信息采集员、代理等收集农产品信息，为蛋源地提供丰富的资源，并且进行宣传，让更多的人了解蛋源地。兼职员工可以从各个绿色农产品基地中挑选，与之合作，进行绿色农产品的种植、培育、采摘，以及线下绿色农产品基地的观光接待工作。

②设备

“蛋源地”与专业直播平台公司及具有专业摄像设备的公司建立起长期合作的关系。向在“蛋源地”平台的卖家提供可靠的设备及技术保障，减少他们在交易中所受到的阻碍。采用与外部企业联合建设的方式，建成集休闲娱乐、商业活动为一体的综合性娱乐购物场所。招揽客源，达到资源互补利用的目的，最终达到双赢的效果。

③网络环境

“蛋源地”将建立自己的网站客户端，分别安装在智能手机、平板电脑、台式计算机上，并建立统一的数据库实现三种平台的兼容。

现下大多数人为“拇指族”，“蛋源地”不仅致力于网站的建设，也致力于手机客户端的开发，让人可以随时随地发表自己的看法，关注“蛋源地”的农产品最新动态，可以不受时间地点的限制关注“蛋源地”，蛋源地已开通新浪微博、微信公众号等进行宣传，在手机上安装“影响力”客户端也是对网站的另一种宣传。手机客户端既适应了当下App的生活潮流，也对“蛋源地”网站的品牌建设提供了帮助。

（2）用户问卷调查

为了进一步了解购买者对绿色农产品的需求，本小组进行了实际调查和分析，一共设计了16个问题，回收了132份有效问卷，从而得到了购买者各个方面的需求。

从食品到穿着、住所到娱乐，人们的生活在这几十年中发生了翻天覆地的变化。随着生活水平的提高，人们对衣食住行各方面的要求也越来越高。尤其是各种有关健康饮食的观念纷至沓来，使得人们在购买食品时更加谨慎、仔细。因此，产品的质量是否有保障、食品是否健康绿色，是购买者最先关心同时也是企业必须面对的问题。绿色农产品在中国是消费频率最高的食品之一，拥有广泛的消费群体，老少皆爱，既上得了餐桌，又能在闲暇时充当零食。所以，绿色农产品行业很有发展潜力。除此之外，当地绿色农产品还能以特产的形式销售给游客。对于以销售当地特色绿色农产品为主的企业而言，众多的游客为其与旅行社、酒店及交通运输等行业的合作提供了契机。由此可见，绿色农产品的消费群体非常庞大，只要抓住北京市的特点善加利用，便可为企业赢得可观的利润。

我们这次调查主要是对群众意愿、网站设计等方面来做出统计。从调查中发现，因绿色农产品的一部分购买者属于游客，所以销售情况常常呈现季节性和周期性变化，旅游旺季时业绩明显高于旅游淡季。针对这一情况，企业应采取合理的措施来减少因淡季销售量减少而带来的风险。

2. 竞争对手优劣势分析

“蛋源地”有诸多农产品企业的竞争对手，如德青源、新希望等龙头企业都是其强劲竞争对手。我们应该注重电子商务网站的细节设计，采用多种宣传方式，发现和应用各种人性化功能。竞争优劣势分析如表7－2所示。

表7－2　竞争优劣势分析表

企业名称	优势	劣势	其他
德青源	知名度和声望较高 安全系数较高 产品种类多样	网站设计较为简单 网站页面繁杂，分类不清楚，不便查询	品牌效应强
新希望	网站制作精美 栏目分类明确	网站名称比较隐晦，不清晰 网站管理人员缺乏，不利于网站的正常运行	企业历史悠久，国内外分公司众多
青怡农业	网站搜索优化较好 名称醒目	网站设计过于简单 功能较为简易	宣传力度小，知名度较低，产业实力强

（1）德青源：我国农产品龙头企业，知名度极高，影响力大，宣传方式精良。

（2）新希望：发展历史悠久，涉及领域广，子公司众多。

（3）青怡农业：起点高，农业实力强。

（三）平台布局及定位

1. 网站及 App 布局

网站前端采用 HTML5 自适应页面，CMS 结构布局，页面顶部为横条网站标志 + 广告条，下方左面为主菜单，右面显示内容的布局，总体页面结构清晰，主次分明。同时内容和导航颜色排版采用对称布局，形成视觉冲击，凸显主要内容。网站的设计在保证较大信息容量的基础上，设计简单，给人美观舒适的感觉。App 以黄色为背景颜色，功能更加强大稳定。

2. 微信公众号及微博

微信及微博两大平台用户数量巨大，在这两大平台进行网络营销活动能给项目带来巨大的客户流量及收益。微信公众号定期发布推文吸引顾客，并且将优惠、活动等信息推送给关注用户。微博用户群体庞大，为我们的网络营销提供了重要的平台保障。

3. 色彩定位

网站及 App 总体使用黄色、白色和绿色。

从网站、App Logo 到色彩搭配，总体给人非常专业的感觉，黄色、绿色、白色是经久不衰的流行搭配，体现了绿色生态农业的特点，使得人们对它们的产品有更多的信任感。绿色和白色在黄色中间不会显得突兀，以产生优质、舒适的气氛，这几种颜色的使用可以让页面色彩丰富，同时使网页避免色彩杂乱，达到和谐统一的效果。

为了使得网页背景颜色与文字对比度高，选择白色背景和对应的黑色字体，始终保持颜色统一，增强可视性和可读性。

4. 风格定位

网站及 App 在排版与内容的搭配上遵循简约设计风格，在保证网站基本要素完整的前提下，尽可能减少不相关的内容、图片和多媒体文件等，使得用户以尽可能少的点击次数和尽可能短的时间获得需要的信息和服务，提高用户体验。

5. 各平台内容特色

网站及 App 首页兼具网站的封面及目录功能，重点突出网站 Logo、导航栏、搜索框、炫彩优质的活动广告及登录界面。

页面顶部显示网站 Logo，以白底凸显，右边是明显易辨的搜索框。页面上部是导航栏目，栏目清晰，分类齐全。活动广告框架占据页面最大面积，紧接在导航栏目下方的是视频直播模块，以此吸引更多的人加入。导航栏目右下方是用户登录界面，用户可以通过注册时留下的邮箱、手机号或是用户名进行登录。同时，对于部分没有注册的游客，网站提供了合作网站账号登录方式，多种方式登录更加方便，这一部分在首页中下部位。在活动广告框架下方是一块横条状的商业广告栏，内容都是与绿色生态农业相关的信息，为用户提供更进一步的服务。商业广告栏下方是网站活动的简介区，可与多个相关网页链接，用户可根据喜好兴趣打开查看。

（四）营销策略

1. 自媒体网络营销策划实施

2017 年，中国互联网络信息中心发布第 39 次《中国互联网络发展状况统计报告》，各类社交应用持续稳定发展，互联网平台实现泛社交化。一方面，综合性社交应用引入直播等服务带来用户和流量的增长；另一方面，针对不同场景、不同垂直人群、不同信息承载方式的细分社交平台进一步丰富，向创新、小众化方向发展。而“蛋源地”就是利用现在网络直播的兴起，对鸡蛋诞生的过程进行直播，通过直播的实时性保证食品的安全，也利用直播这一手段吸引更多的消费者。

（1）微信和 QQ

首先，针对微信朋友圈和 QQ 空间，我们建立了一个专门的微信公众号，每天推送各种最新消息，客服 24 小时在线答疑解惑，满足消费者需求。同时我们采取了推送微信文章到朋友圈和空间的方式，在朋友圈和空间进行转载，利用朋友圈涉及年龄段的广度吸引各个年龄层的消费者。

（2）微博

结合当今社会微博发展迅速、传递信息迅速、反响较大的特点，“蛋源地”注册了一个新浪微博账号，通过微博进行宣传。

2. 网站平台营销策划实施

“蛋源地”官方网站是公司初创时申请的域名，作为我们主打的服务渠道，网络平台涵盖了“蛋源地”的精华部分，网站简洁明了，用户能够方便地找到所需要的内容。“蛋源地”建立的原因是现在的网络普及越来越广泛，越来越多的年龄层加入网络大军当中，而这些人中也有越来越多的人开始接触网络直播，“蛋源地”的特点就是通过全方位 24 小时不间断的网上直播让人们能够直观看到母鸡饲养和产蛋的全过程，保证食品的安全，也可以让孩子了解一个蛋的产生要经历的过程，引导孩子珍惜食物，不要浪费。

3. App 营销策划实施

2016 年，手机应用总体发展状况良好，越来越流行，呈现出沟通类应用与信息获取类应用领先发展的特点。其中，手机即时通信和手机微博作为交流沟通类应用的代表，是现阶段推动移动互联网发展的主流应用。我们的网站既有网页版也有手机版 App，满足了各种消费者的需求，方便消费者随时随地观看直播。同时我们的 App 有商品购买的链接，让消费者可以更方便快捷地购买到该产品。另外，设有 App 留言功能，在 App 建设初期希望消费者能为我们提出更好的建议。

4. 线下活动营销策划实施

在线下环境中，结合当代人健康饮食的观念，我们去了小区、菜市场等地派发了一些宣传单，让消费者能够更直观地了解鸡蛋的产生及母鸡的饲养情况，保证鸡蛋来源的干净卫生，让消费者能够更加放心地选择我们的产品。

（五）盈利模式

1. 绿色农产品的盈利

“蛋源地”网站通过24小时、365天不间断的网络直播吸引消费者，使消费者对“蛋源地”生产的产品产生兴趣，从而推出更多的绿色农产品，让消费者直接观看绿色农产品的生产过程，使消费者能够更加放心地食用我们的产品。培养消费者购买绿色农产品的习惯，增加用户黏性，使消费者感受到绿色农产品的好处，从而一直进行消费，这样我们就可以长期盈利了。

2. 绿色采摘的盈利

“蛋源地”在开设线上购物的同时也增加了线下体验模式，让消费者利用周末的时间带着他们的孩子体验不一样的乐趣。在“蛋源地”的基地，让孩子亲身体验给母鸡喂食的乐趣，亲手拾取新鲜的鸡蛋，还能体验亲手采摘蔬菜，给蔬菜、水果浇水的乐趣，让孩子们贴近大自然，了解食物生产的不易。我们基地通过收取采摘和加工的费用进行盈利。

3. 绿色生态旅游的盈利

“蛋源地”利用当地的生态优势开发绿色生态旅游，在北京雾霾严重的情况下，在“蛋源地”这个地方可以看到蓝天，相信会有很多人愿意前往。同时，在绿色采摘的基础上开发农家乐，通过与当地旅游的结合赢得更多的顾客，从而实现盈利。

4. 相关广告招商的盈利

“蛋源地”通过网站直播吸引消费者，随着消费者数量的不断增多，网站进行一些相关广告的招商引资，在电脑网站和手机App上为投资的企业做广告，在为相关企业吸引消费者的同时增加“蛋源地”的收入。

5. 其他养殖平台招商引资的盈利

在“蛋源地”网站直播拥有大量消费者的情况下，吸引其他养殖平台进行投资，扩大“蛋源地”养殖基地的规模，产出更多的绿色产品，从而吸引更多的消费者在我们养殖基地进行消费，增加企业盈利。

（六）财务分析

1. 市场预期

(1) 股本结构及规模

在表 7－3 股本结构中，区县管理层资金入股占总股本的 20%。养殖基地的注册资金，我们打算引入 1～2 家风险投资公司投资入股，共同承担，化解风险，这部分资金占总股本的 60%。20% 的专利技术入股，就目前国内各种现状来看，符合国家标准，具有可行性。

表 7－3　股本结构表

股本来源 / 股本结构	养殖基地资金入股	区县管理层资金入股	专利技术入股
比例	60%	20%	20%

(2) 筹资预测

“蛋源地”要能够长期运营，稳定地进行经营活动，就必须保证它的资金来源，另外，开展宣传活动等也要进行筹资。

①短期筹资。项目实施准备金约 4 500 元；与机构合作，帮忙推广，获得基地赞助 30 000 元。

②长期筹资。获得未来基地项目风险投资 100 000 元。

筹资合计134 500元。

(3) 成本费用预测

①成本预测。项目运营成本（包括网站更新 2 000 元，网站推广 3 500 元，网站信息发布 1 500 元，网站后台数据支持 5 000 元）预测一年总计 12 000元；经营成本（包括进货库存成本，涉及物流成本、维护成本），初期预测第一年为 5 000 元；人员工资，包括技术人员、营销人员和管理人员的工资，第一年预测经济成本为 15 000 元；电脑耗材，折旧 2 000 元。成本合计 34 000 元。

②费用预测。管理费用包括租赁服务器费用 1 000 元，库存管理费用

1 500元。另外，还需要广告费（校园横幅）500 元，联系业务交通费 300 元，广告传单 600 元，商品托运涉及的物流费 1 000 元。财务费用主要是举办公益宣传活动 800 元。各项费用合计 5 700 元。

（4）利润预测

表 7－4　网站第一年利润预测表　　单位：元

	平均单价	平均成本	数量	利润
1. 销售利润				
设备租赁	1 228	1 180	300	14 400
任务交易中介费	154	130	500	12 000
2. 项目服务利润				34 000
总计	60 400			

（5）偿债能力分析

偿债能力指标：

$$流动比率 = \frac{流动资产}{流动负债} = 142\ 333.2/27\ 546 = 5.16$$

此指标说明企业资产是负债的 5.16 倍，偿债能力是非常好的，不存在经营风险。

（6）盈利能力分析

①主营业务毛利率 =（主营业务收入 − 主营业务成本）/主营业务收入 ×100%
=（129 000 − 85 600）/129 000 ×100% = 34%

此指标说明公司每百元收入为公司带来 34 元的毛利，能为公司提供期间管理所需的费用。

②主营业务净利率 = 净利润/主营业务收入 ×100%
= 23 787.2/129 000 ×100% = 18%

此指标说明每百元为公司创造净利润 18 元，为公司持续经营奠定基础，为更好地开拓公益事业打好经济基础，争取做到取之于民、用之于民，用赚取的利润扩大公益事业。

③资产净利率 = 净利润/平均净资产 ×100%

$$=23\ 787.2/151\ 333.2\times100\%=16\%$$

2. 风险规避与退出机制

（1）财务风险

由于短期内没有向各个地方推广开来，因此“蛋源地”的知名度较低，不被人们所熟知，但是我们需要大量的资金用于项目的初期研发和宣传，易导致前期经济收入较低，甚至出现负债情况。

（2）市场风险

现如今，绿色有机的生活方式越来越流行，居民们普遍使用绿色产品，树立了绿色增长、健康生活的理念，使绿色消费成为人们的自觉行动。所以，市场上关于绿色食品的网站普遍增多，甚至有些项目在与企业合作方面做得相对成熟，并且部分项目的非营利性会给我们带来一定的竞争压力。新的绿色生活方式需要一定的适应时间，尤其推广初期消费者所占市场份额较低，同类项目竞争压力大。

（3）技术风险

①完整性风险。项目用户界面的设计、数据处理程序、灾害恢复程序、数据控制机制及信息安全机制等考虑不完全导致的潜在风险。

②存取风险。由此项目系统的安全性低、数据管理控制不当、数据处理环境不当、计算机和通信设备信号状况较差等导致数据或信息存取不当而产生的风险。

③获得性风险。用户对于有关数据或信息的获得存在风险。

④其他相关风险。业务中断、产品信息反馈系统、业务的流动性管理等相关风险。

（4）相关风险的规避

依靠先进的网络技术和有效的管理来规避技术风险，为此，采用技术保护措施、用户认证和管理系统设置，同时，使用人员定期进行维护，定期获取用户的反馈情况，确保网络安全及控制，降低损失发生的概率与损失程度。

案例 8 荒漠甘泉
——阅读推广方案策划及实施

一、项目简介

目前，中国特色社会主义进入了新时代，建设社会主义文化强国，显著提高国民素质和社会文明程度，成为新时代的必然要求，全民阅读是重要抓手。小学生的课外阅读是全民阅读持续发展的基础，而且小学阶段是养成良好课外阅读习惯的关键时期。然而，受种种因素的影响，我国农村小学生的课外阅读情况十分不理想。

为了改善农村孩子的阅读现状，本团队通过文献调查、书店走访、实地访谈，对乡村孩子的阅读情况进行了全面调查，发现存在以下四方面困境：第一，家庭教育环境的缺失，使得孩子在成长中缺少正确导向的引领。第二，家长和老师没有针对孩子做阶段性阅读的引导。第三，情境约束条件较多，优质阅读资源不充分，家庭、学校乃至社会对孩子们全人教育、课外阅读的精神、物质激励有所缺失。第四，社会风气对孩子的影响，在农村边远地区人们由于自身知识水平不足，对阅读也就没有那么看重。基于以上问题，我团队通过建立微信公众号“荒漠甘泉”线上分阶段阅读指导，结合与 TeraSunny 爱心团体合作线下募集书籍等方式，最终在激发农村孩子阅读兴趣、科学地指导老师家长从小培养孩子阅读兴趣、给农村孩子提供更多的阅读资源方面取得了一定的成果。

二、团队成员简介

鲁鑫颖：北京联合大学管理学院电子商务专业 2016 级本科生。

范紫薇：北京联合大学管理学院电子商务专业 2017 级本科生。

李英侠（指导教师）：北京联合大学管理学院电子商务专业教师，博士，副教授。

三、项目策划书概要

（一）项目介绍

1. 项目背景

受种种因素的影响，我国农村小学生的阅读情况十分不理想。本项目在此大背景下，通过查阅相关文献资料，借助组织行为学 MARS 模型诊断出农村孩子课外阅读主要有以下三方面挑战：第一，情境约束条件较多；第二，阅读动机还未被点燃；第三，阅读能力受限。目前，很多研究侧重从实践、动机、能力点上突破，很少将它们综合起来形成系统有效的解决方案。3～12 岁是阅读的黄金期，但前人未将农村孩子从年龄段精细划分。根据 2018 年世界读书日前夕发布的《第十五次全国国民阅读调查报告》，2017 年我国城镇居民的阅读率和阅读量均有所上升，但农村的调查结果不容乐观。调查显示，我国城镇成年居民 2017 年的图书阅读率为 67.5%，农村居民的图书阅读率为 49.3%。2017 年我国农村居民的纸质图书阅读量为 3.35 本，低于 2016 年的 3.61 本，城乡差距有所扩大；尽管国民阅读量总体上升，但农村阅读量在 2017 年却出现了下降。这说明我国广大农村地区存在阅读基础设施相对薄弱、百姓阅读意识普遍不强、阅读状况不容乐观等问题。

2. 项目意义

习近平总书记在十九大报告中指出，“人民有信仰，国家有力量，民族有希望"，一个民族的精神发育史，就是一个民族的阅读史，一个不读书的民族是没有希望的民族。本项目针对3~12岁农村孩子课外阅读的现存问题进行研究分析，明晰产生问题的根源，消解困境，为农村孩子营造开放、自然、愉快的课外阅读环境和氛围，使农村孩子在良好课外阅读环境的熏陶下，养成课外阅读习惯。在现有挑战和前人研究基础上，针对3~12岁农村孩子，推出荒漠甘泉阅读推广方案策划并实施，旨在研究农村孩子成长特点，根据年龄阶段整合网络优质免费阅读资源，通过"荒漠甘泉"课外阅读资源微信公众号平台实施推广方案，用恰当的阅读方法和合适的阅读资源有效陪伴3~12岁农村孩子开展阶梯式阅读，发掘孩子们阅读兴趣的发展方向，鼓励他们把阅读变成滋养心灵和人格的习惯，从而提高农村孩子的阅读素质。最后基于实施效果对农村孩子阅读挑战给出解决办法，并对目前有关研究存在的缺陷提出可行性建议和改进方案。本项目的研究对于3~12岁农村孩子阅读推广具有深远意义。

3. 项目创新点

（1）全面性

前人的研究多从实践、动机、能力点上突破，很少将它们综合起来形成系统有效的解决方案，本项目最终会在理论依托下形成一个全面性解决方案。

（2）公益性

农村孩子受成长环境和教育资源不均衡的影响，一方面，农村孩子对课外阅读的兴趣有所缺失；另一方面，受条件限制，当许多人都远离原始的阅读方式，开始用电子书粗糙地、快餐式地阅读的时候，农村孩子还在一条希望阅读的路上艰难地守望着。本项目针对3~12岁农村孩子实施，并且全部免费。

（3）专业性

3~12岁是阅读的黄金期，本项目将针对3~12岁农村孩子，考虑农村孩子成长身心特征，从年龄段精细划分，给他们提供专业化解决方案，在微信公众号运营平台上根据各年龄段农村孩子的认知特点，指导农村孩子读适合他们的书，读健康有益的书。

（二）市场分析

1. 项目的研究现状

（1）关于阅读推广人

我国的阅读推广人来自社会的各行各业，有专业人士，也有业余从事阅读推广的人士，有个人，也有机构组织。他们可能是图书馆员、作家、独立书评人、阅读推广研究者、民间图书馆创办者、阅读爱好者、朗读义工等。对于何谓阅读推广人，目前尚未产生一个统一的概念。徐雁、李海燕（主编）（2016）在《全民阅读知识导航》一书中提到：中国图书馆学会对阅读推广人的定义是："阅读推广人是指具备一定资质，能够开展阅读指导、提升读者阅读兴趣和阅读能力的专职或业余人员，培育对象包括各级各类图书馆和科研、教学、生产等相关企事业单位人员及有志参与阅读推广事业的其他社会人员。"《深圳市阅读推广人管理办法》将其定义为"通过多种渠道、形式和载体向公众传播阅读理念、开展阅读指导、提升市民阅读兴趣和阅读能力的专业和业余人士"。无论怎样对阅读推广人进行定义，毫无疑问的是，一个合格的阅读推广人必须具备良好的阅读能力、组织策划能力、沟通表达能力和亲和力，必须具备阅读推广的基础知识，知晓其阅读推广目标群体的特征。

王余光、霍瑞娟（丛书主编）在《图书馆阅读推广基础工作》一书中把阅读推广人要做的工作简要地归纳为以下几个方面：第一，发展潜在读者；第二，帮助读者选择好书、给读者推荐合适的读物；第三，策划、组织各类读书活动；第四，为读者解决阅读中的各种问题，提供与阅读有关的各种帮助。阅读推广人不等于爱书人，如果只是自己爱读书，而不服务、不推广到他人，那阅读只是你个人的私事，真正的阅读推广人是能够在阅读方面影响、帮助到更多人的。因此，千千万万的阅读推广人就是"星星之火，可以燎原"，能有效地促进家庭、社区、学校、企业等的阅读，使其凝为合力，从而形成全社会爱读书、读好书的风气。

（2）关于对农村孩子阅读现状研究

胡登全、邓倩（2015）主编的《大众传播时代留守儿童的阅读研究》一书中表明农村留守儿童阅读困境的成因主要有以下两个方面：①家庭教育功能的缺失。当前农村家庭，大量青壮年劳动力进城务工，致使留守儿童的教育和监护主要由祖父母辈来完成。父母的权威形象在家庭生活中的长期“缺失”，使“家庭的教育功能不得不向家庭以外的其他力量移交，久而久之便丧失了家庭塑造个人内心领域的强有力机制及其力量”。②学校文化引导功能的弱化。目前，很多农村学校所给予的课外阅读支持并不能满足留守儿童的精神需求，其文化引导功能被削弱。具体表现为：第一，农村教师对留守儿童的课外阅读未给予足够的支持，他们更多的是鼓励学生进行课辅阅读，而不是课外阅读。第二，受办学条件、经费及师资力量等诸多制约，农村中小学很少甚至没有开设相关阅读课程并配备专业教师，无法对学生的阅读行为进行有效引导，也极少有组织、有计划地开展各种阅读活动。第三，农村少儿阅读服务体系发展滞后。近年来，政府与社会投入大量的人力、物力发展农村的公共文化设施，成效显著。但由于我国农村经济发展不均衡，仍有很多偏远山区资金短缺、交通不便，致使其基础设施无法在短时间内得到根本性改变。第四，“功利性阅读”与“浅阅读”的冲击。少儿阅读进入了多元化时代，图书日益成为一种承载着特殊的经济、地位、身份与价值投资的符号。儿童阅读被赋予了教育投资、未来投资、社会投资等多重意义，这给当代儿童阅读带来的最大问题是：阅读数量海量增长，但阅读的质量和阅读兴趣并未得到正比增长。

范红（2014）主编的《行走在国培路上——小学语文课例与微型课题研习》一书对影响农村非寄宿制小学学生海量阅读的因素做了相关研究：首先，从农村非寄宿制小学学生角度来看：①由于农村孩子受生活环境的影响，视野较狭窄，对知识的渴求、对事物的探索都缺乏激情。②学生在应试教育的影响下，忙于应付繁重的作业和各种测试，只关注分数，所以就只关注教材。③主观上的懒惰思想，缺乏阅读动机，不愿把时间花在阅读上面。④不会阅读，不知道该怎么去读懂一篇文章、一本书。不认识的字常常跳过，不能正确理解词、句，不能概括出文章的主要内容、文章的主题思想和表达方式等，甚至不能根据文章的内容有感情地朗读。其次，从教师阅读教学角度来看：如今的小学语文课堂，老师们条分缕析，不仅浪费了大量的时间，还束缚了学生的思维，破坏了文学的美感。课后大量的作业，又将学生囿于小小的书桌前，限制了学生的自由，禁锢了学生的心灵。学生失去了玩要的快乐，也失去了在书海中畅游的惬意。最后，从家长对阅读的认识角度来看，应试教育使得家长只关注学生的考试成绩，而一般不会积极地去为学生创造阅读的条件。在不少家长的观念里，课外阅读也被认为是看“闲书”，是对学习无益的事情。不少学生因为课外阅读一些文学作品而受到家长的批评、指责，甚至有家长没收了学生的课外读物。

（3）关于类似微信公众号运营平台

2016 年出版的《中国绘本阅读地图》一书中列举了几名典型的阅读推广人实践者。

畅畅爸——儿童阅读推广人，绘本发烧友，公益阅读“宝宝阅读”创始人，某省会电视台资深编辑。2010 年，畅畅爸创建宝宝阅读 QQ 群。作为 QQ 群线上绘本分享的先行者，截至 2015 年，通过群分享和家长精读童书名作名篇 300 余次；运营维护着 12 个宝宝阅读群，聚拢了 8 000 余名家长。2013 年 3 月，创建宝宝阅读微信订阅号（baobaoyuedu），目前拥有粉丝 8 万余人。2014 年起，担任新教育萤火虫全国总部策划组副组长、新教育萤火虫郑州分站课程组副组长。畅畅爸的梦想：让更多的孩子爱读书读好书。微博：宝宝阅读。微信：baobaoyuedu（宝宝阅读）。

方洁莉——故事妈妈，儿童阅读推广人，微信公众号“爱读童书妈妈小莉”主持人。2008 年女儿出生后，坚持每天给女儿读绘本，至今已读了 1 000 多本书。2013 年年底开通微信公众号和家长们分享读过的绘本，并以音频的形式给孩子们讲故事，目前已拥有 40 多万微信粉丝。

葛慧芳——湖南第一师范学院文学与新闻传播学院副教授，负责儿童文学课程的教学；关注儿童阅读推广，被多家社区绘本馆聘请为顾问并开设公益阅读推广课程，发表以“绘本里的育儿经”为主题的系列书评；利用业余时间组织学生进社区、到乡村给孩子们讲故事；擅长利用网络平台进行儿童阅读推广。在QQ群开办系列儿童文学公益讲座，并建立“儿童阅读指导”微信公众平台，尽一己之力推广儿童阅读。

（4）关于激发儿童阅读兴趣方法、策略及教学理论

齐军奕（2018）在《基于数字图书馆的课外阅读指导策略研究》中尝试从开发数字阅读平台、推荐课外读物、探索课外阅读指导的方式、探索课外阅读的评价等几个方面探讨课外阅读的指导问题。通过研究，明确了读物推荐的原则，并以数字图书馆为平台，展示必读、选读、推荐阅读三类书籍，引导学生阅读趣味，促进经典阅读。以数字阅读平台为载体，形成了基于数字阅读平台的组织引领模式，即：导读—推进—展评模式。

郝改云（2018）在《情境教学在小学中段语文阅读教学中的应用研究》中对情境教学应用于阅读教学进行了可行性分析，以多元智能理论、建构主义理论、非理性教育理论与人本主义理论为研究的理论基础，从三个维度对情境教学进行了必要性分析：情境教学符合儿童认知规律与发展特点；情境教学符合阅读教学与阅读文本自身特点；情境教学以“情”为纽带，注重情感体验。从教师、学生、学校三方面提出了以下策略：教师要善于创设多种方式综合运用多样化情境；学生要丰富自身知识储备与生活体验；学校要重视教师培训与教研活动实效性，注重对教学资源的开发与利用。

张雅绫（2016）在《幼儿教师早期阅读理解能力发展的叙事研究——基于X幼儿园幼儿阅读理解能力培养的研究》中发现：作为非学前专业新手教师代表的H教师在早期阅读教学能力发展过程中碰到的挑战内容范围较广，应对工作方式较为全面，发展重点为树立正确系统理念；作为学前教育专业新手教师代表的Z教师在早期阅读教学能力的发展过程中碰到的挑战内容以理论与实际结合为主，应对工作方式初现针对性，发展重点为理论指导下的实践；作为非学前专业成熟教师代表的S教师在早期阅读教

学能力的发展过程中碰到的挑战内容更加聚焦，应对工作方式更具针对性，且更具教师自主性，发展重点为自我探索与反思。三位教师早期阅读教学能力发展总体呈现递进式，也分别呈现阶段式，可划分为基础阶段、初级阶段和中级阶段。对此，提出了教育建议：首先，针对基础阶段的教师，建议以打好基础为主，采用观摩教学的方式直接且有效。其次，针对初级阶段的教师，建议要多给予实践机会，一课三研是能够帮助教师进行大量实践的方法。最后，针对中级阶段的教师，建议要拓展其反思方法，如现场反思法、照镜子反思法、伙伴合作反思法、叙事反思法和团队合作反思法等。

（5）关于公益推广方面实践研究

王烁翔（2018）在《中国公益活动推广策略探究》中，通过反思国内公益活动的推广历程，探究中国公益发展的新出路。伴随新媒体技术的发展而来的是全新的公益品牌建设，公益组织只有将完备的公益品牌推广思路贯穿始终，才能有条不紊地将一系列爱心活动开展下去；综合运用各种新媒体手段，才能有效地触达社会大众，扩大社会影响，才能动员更多的爱心人士参与进来，争取资源支持，将公益活动做得持久且有意义。

周田田（2013）在《面向儿童的民间公益阅读推广组织研究》中总结出民间公益组织儿童阅读推广活动中的四大模式：传统图书馆模式、民间读书会模式、教育发展模式、新媒体模式。目前，他们自身存在的现实问题包括资金和人员的缺乏、缺少成熟的儿童阅读推广运作模式，外在的问题还有全社会对阅读推广的不重视。笔者呼吁全社会加强对儿童阅读推广事业的重视，特别是民间公益组织所开展的活动应当得到大家的充分支持。政府应当出台政策支持民间公益组织的事业，图书馆界应当给予民间公益组织在儿童阅读方面的指导和帮助。

根据对农村孩子阅读推广相关文献研究，总结出以下现状。

第一，情境约束条件较多，主要体现在线上线下优质阅读资源不充分，家庭、学校乃至社会对孩子们全人教育、课外阅读的精神及物质激励有所缺失。

第二，阅读动机还未被点燃，具体表现在孩子对特定方面的阅读兴趣没有被家长或者老师发现和没有针对孩子的成长特点做阶梯性阅读规划。

第三，阅读能力受限，孩子们很难得到专业的阅读指导，导致孩子们难以表达输出自身的阅读积累。

第四，很多研究侧重从实践、动机、能力点上突破，很少将它们综合起来形成系统有效的解决方案。3～12 岁是阅读的黄金期，研究也未将农村孩子从年龄段精细划分，难以从根源上解决农村孩子的阅读问题。

2. 项目研究目标

（1）通过与爱心团体合作解决农村孩子阅读资源不足的问题，通过招募志愿者写信回复孩子们的读后感，以及寄送小礼品的方式解决农村家庭、学校乃至社会对孩子们全人教育、课外阅读的精神、物质激励有所缺失的问题。

（2）通过问卷调查、访谈等方式，运用统计学方法分析农村孩子各年龄阶段成长特点。

（3）通过微信公众号运营与家长、老师们交流分享通过引导点燃孩子们课外阅读动机相关方法，联合家长、老师通过阅读实践，细致入微地观察孩子们的阅读兴趣点，有效推荐相应阅读资源给农村孩子，促使孩子养成每天坚持阅读的习惯。另外在微信公众号针对孩子的成长特点建立3～12岁农村孩子阶梯式阅读推荐栏目，为农村孩子们提供一系列阅读计划和阅读分享。

（4）邀请教育工作专家，结合农村孩子自身成长特点为他们提供合适的阅读书目，帮助农村孩子学会表达输出自身阅读积累，促使孩子们体会阅读中的乐趣，自发产生阅读行为，通过阅读健全人格、端正价值观，使心灵得到滋润，从而提升孩子个体阅读素质。

（5）综合实践、动机、能力三方面，依据理论依托，形成一个全面有效的农村孩子阅读解决方案，为大学生志愿者寒暑假支教工作提供一个科学权威的资源平台。

3. 项目研究主要内容

本项目借助组织行为学 MARS 模型，诊断农村孩子课外阅读主要有以下三方面挑战：第一，情境约束条件较多，主要体现在线上线下优质阅读资源不充分，家庭、学校乃至社会对孩子们全人教育、课外阅读的精神、物质激励有所缺失。第二，阅读动机还未被点燃，具体表现在孩子对特定方面的阅读兴趣没有被家长或者老师发现，且没有针对孩子的成长特点做阶梯性阅读规划。第三，阅读能力受限，孩子们很难得到专业的阅读指导，导致孩子们难以表达输出自身的阅读积累。

（1）培养农村孩子阅读兴趣

通过查阅过往相关项目、文献综述和会议讨论等，研究导致农村孩子阅读兴趣缺失的原因，明晰产生问题的根源，消解困境，为农村孩子营造开放、自然、愉快的课外阅读环境和氛围，使农村孩子接受良好课外阅读环境的熏陶，培养孩子阅读兴趣。实践方面，通过联合家长和老师，细致入微地观察孩子们的阅读兴趣点，有效推荐相应阅读资源给农村孩子，激发农村孩子阅读兴趣。

（2）引导社会爱心团体捐赠适合的图书资源

社会各界给农村孩子捐赠的书籍其实不在少数，但是这些书籍很难得到有效的阅读，有些书籍是不太适合接受捐赠的孩子阅读，有些是孩子没有兴趣的。我团队通过与学校联系了解其需求，整理并提供专业书单，以与社会各界的爱心团体合作的方式募集学校孩子们实际需要的书籍，将这些书籍精准地捐赠给需要的乡村孩子，并长时间地关注他们的阅读情况，时常进行图书的更新。

（3）针对孩子的成长特点做阶梯性阅读规划

本部分运用统计学分析方法，主要采取调查问卷、访谈等方式进行考察。通过查阅大量文献和实地考察，研究农村孩子成长特点，并进行各层次的对比，系统总结出各年龄段对阅读的实际需求。

4. 项目调研

（1）对周边书店进行走访调研

为了对市面上的儿童读物种类有更多的了解，我们对周边的几家书店进行了走访调查。走访中了解到市面上比较受儿童欢迎的儿童读物和对儿童成长有意义的读物，并且也了解到不同年龄层次的儿童适宜什么样的读物，为之后给贫困乡村不同年龄层次的孩子挑选读物提供了参考。给孩子们提供合适、新颖、有意义的读物，在引起孩子的阅读兴趣、培养孩子的阅读习惯、引领孩子成长方面都有极大的促进作用。

（2）走访贫困乡村小学，进行调研

原计划实行线上线下结合问卷调查，但在实际分发问卷时，发现所调研的花桥小学的学生人数较少并不足以发放问卷，而线上问卷则因为大部分的学生家长并不熟悉网络技术的使用及许多同学没有手机而达不到预期效果，于是改变调查方式为访谈。为对农村不同年龄阶段孩子的阅读情况和心理状况进行了解，以便之后的分段阅读设计，按花桥小学各年级性别均衡随机抽样 2～3 人进行访谈，同时对该校一名语文老师进行了采访。

通过调查我们发现主要存在以下四方面的问题：第一，从家庭教育的角度来看，有 80% 的孩子都是留守儿童，在一定程度上，家庭教育环境的缺失，让孩子在成长中缺少正确导向的引领。第二，家长和老师没有针对孩子做阶段性阅读的引导。第三，情境约束条件较多，优质阅读资源不充分，家庭、学校乃至社会对孩子们全人教育、课外阅读的精神、物质激励有所缺失。第四，社会风气对孩子的影响，在农村边远地区人们由于自身知识水平不足对阅读也就没有那么看重。

（三）项目进展情况

1. 搭建并运营微信公众号

对调研的数据进行整理分析后，确实了解到目前贫困地区孩子在读书资源方面十分匮乏且缺乏兴趣，为了解决这些问题，我们从内容、功能、作用方面进行策划，并依据构想成立了公众号平台。

为了科学地指导3～12岁的农村孩子阅读，对公众号模块进行设计规划，并保持一定频率的推文。内容涵盖了给予3～12岁不同年龄段孩子的阶段性阅读指导并进行书籍推荐，给家长分享关于孩子阅读重要性和阅读兴趣养成等指导性文章，以及读书经历、心得分享等文章。

在对公众号的定位与功能模块进行构思后，将公众号的主要内容涵括为：阶段性推书、关于阅读的经营或个人经历分享、针对家长的指导性文章、读书心得分享、活动纪要。并以系统化模式进行一周两篇原创推文，保证了公众号内容的质量和数量。目前公众号关注人数在不断上升，也收到了一些来自农村的大学生的有关自身阅读改变命运的投稿，为现在的农村孩子带去了鼓舞，激发了阅读动力。通过给农村父母推荐孩子阅读的重要性和培养孩子阅读兴趣的内容，让农村父母对孩子阅读引起重视并有意识地去培养孩子的阅读习惯，给他们的阅读提供支持，为农村孩子阅读营造良好环境

2. 征集并整理参考书单

为了给农村孩子提供确实适合的书籍，并且达到为儿童启蒙，帮助他们形成良好世界观的目的，借助微信平台向社会各界人士征集了适合不同年龄层次的孩子、内容不同的推荐书单，整理出了一个可供选择的书单。

3. 与 TeraSunny 志愿者组织达成合作

TeraSunny 志愿者组织由3名少年发起，于2015年8月8日正式成立。主旨在于引领青少年参加志愿活动，奉献爱心，服务社会。倡导青少年关注乡村同学，帮助他们筹集丰富多彩的课外书籍，搭建城市同学与乡村同学传递知识、传递爱心的桥梁，为乡村同学的知识增长和精神成长提供助力，为乡村未来人才培育提供动力。在与其接洽后得到了该组织的支持和帮助。

4. 与暑期支教团队达成合作

与BUU爱之翼暑期支教团队达成合作，将团队募集得到的书籍、学习用具，以及其他物品经由支教团队捐赠给边远乡村的学校，并共同制定出

一套阅读指导模式，让志愿者们可以系统地去指导不同年龄段的孩子阅读，培养他们的阅读兴趣。

5. 可持续爱心捐助

与 TeraSunny 组织达成合作后，项目收到了该组织从社会各界募捐来的各种物质资源和图书资源，这些图书资源也通过学校班级捐赠的方式到达了乡村小学孩子的手中。截至目前，累计通过 TeraSunny 组织给贵州省铜仁市石阡县打铁都村幼儿园募集捐书 400 余本，其中给孩子和教师捐书各 200 余本，另外还筹集到一些基础教学用具和寄给孩子们的玩偶。

与 BUU 爱之翼团队第一次达成合作，将书籍和学习用具等交到志愿者手中，带到了甘肃省天水市甘谷县大庄镇松树岔小学，在志愿者进行为期半个月的暑期支教过程中，依照我们之前讨论的方法对孩子进行了阅读兴趣培养，取得了乐观的成果。

6. 实现阅读引领和分阶段指导

公众号进行文章征集，收到了许多现实生活中靠阅读开拓自己眼界、改变自己人生的农村大学生的投稿，也收到了许多阅读书籍时的思考感悟，起到了一种带头作用，一定程度上可以为农村孩子们带去阅读的引领，希望能达到激发农村孩子阅读热情的效果。同时按照科学的分类将 3 ~ 12 岁的孩子分为 3 ~ 6 岁、7 ~ 9 岁、10 ~ 12 岁三个阶段，并按照三个阶段孩子的阅读能力、心理状况和成长情况的不同做出有针对性的阅读书目推荐，在孩子选择阅读书籍或家长为孩子选购书籍时提供参考。

（四）项目总结

经过近一年运营，我们发现关于农村孩子阅读的现状存在以下几方面问题。

（1）物质条件极度匮乏，学校的图书馆书籍种类很少且种类单一，有些读物过于古老，已经不适合现今的孩子阅读。

（2）学校老师和家长对农村孩子的阅读持消极态度，农村孩子缺少阅读环境的熏陶。

（3）农村孩子对阅读普遍缺乏兴趣，对于读书和学习有抵触情绪，沉迷于手机和短视频、社交软件。虽然孩子沉迷手机好像是目前普遍存在的现象，但是这种情况在农村孩子身上尤其明显。

结论：农村孩子的阅读现状不容乐观，在如何重新燃起农村孩子的阅读之火，为农村孩子营造出一个良好的阅读环境，给农村孩子充足的阅读条件方面我们还要做出更多的努力，只要我们愿意付诸努力，从农村孩子们幼年开始就按年龄阶段去引导他们阅读，养成他们的阅读习惯，荒漠也会现出绿洲。

案例 9 来医吧——基于大数据的移动互联网医疗服务平台

一、项目简介

纵观我国医疗互联网化历程，已呈现出“医疗信息化”“在线医疗”和“移动医疗”三步走形态。如今医疗信息化已基本完成，在线医疗和移动医疗共同发展，且逐步向移动医疗大趋势转变。移动医疗 App 是移动医疗模式的重要载体和用户窗口，正如医院 HIS 系统之于医疗信息化，医疗服务 Web 端之于在线医疗。当然，随着 5G 时代的来临及云计算设施的完善与技术的成熟，贯穿医疗互联网化的一条核心技术线也在不停地进化更新，这也将在移动医疗 App 的医疗服务中得到体现。

来医吧——基于大数据的移动互联网医疗服务平台致力于解决看病难的问题，为公众提供更实惠更便利的服务。我们可以实现实时性便捷挂号，层次化筛选医院，智能化推荐就医，优化医疗资源的合理配置。同时实现视频咨询诊断、上门医疗服务、家庭医生进社区，这也为拥有个性化需求的人提供更贴心的服务，在简单、安全、高效的平台中为用户提供多样化服务。同时，该平台以服务大众为宗旨，以缓解看病难为目标，是一个集创新、服务、公益为一体的综合性平台，既能实现多样化的功能，又能极大提高就医效率，同时体现了对社会的公益情怀。并且根据受众不同，平台推出三种模式，以方便不同的人群使用。

二、团队介绍

杜亚萍：北京联合大学管理学院会计专业2015级本科生。

李姣：北京联合大学管理学院电子商务专业2015级本科生。

王博雅：北京联合大学管理学院会计专业2015级本科生。

肖媛媛：北京联合大学管理学院财务管理专业2015级本科生。

陈子曼：北京联合大学管理学院电子商务专业2015级本科生。

郭凤英（指导教师）：北京联合大学管理学院电子商务专业教师，博士，副教授。

三、项目策划书概要

（一）项目概况

1. 项目背景

（1）看病难问题

卫计委调查数据显示，中国约有近半居民有病不就医，29.6%的居民应住院而不住院。而“看病难”的原因主要包括以下三个方面。

其一，患者找不到正确的医院看病，很容易上当，一不小心就中招，花了大钱，即使到了正确的医院也找不到正确的地方看病，晕头转向，浪费时间还延误了病情；其二，看不起病，现在医药费用相对较贵，而住院费则更贵，超出了普通家庭的经济承受能力；其三，由于医生的供不应求，医疗资源分配不均，并且短缺，特别是在大医院，关系门路也影响着患者的看病问题，由此产生的恶果就是小病变成大病，轻病变成重病，特别是很多慢性病。

最常见的就是挂号难。等几个小时、排几十米的长队挂号，而且还会发生没有号的情况，这些现象屡见不鲜，不仅给患者带来不便，严重的还会使患者因为错过最佳的治疗时间而造成更糟糕的后果，也会造成社会问题。我国一些慢性病发病率近几年不断升高，其中患职业病的大多数人选择有意识或无意识地忽视，造成这种现象的原因有二，一是不想耽误工作，二是去医院看病太麻烦。

（2）医疗 App 的发展及存在的问题

移动医疗 App 是智能终端和移动通信网络结合的产物，其本质就是基于移动终端的医疗类应用软件，面向个人或者医疗机构提供医疗服务和信息。大量的医疗 App 定制开发，在 App 开发市场上已经占有一席之地。人们可以通过医疗 App 应用检测自己的身体，还能利用医疗 App 联系医生、医院等。医疗类的手机应用开发在一定程度上很好地缓解了国内看病难的状况。图 9 - 1 是现阶段占有市场份额较大的各类医疗 App。

图 9 - 1 移动医疗健康应用分类图

移动医疗 App 的模式是直接面向用户或患者的，可以称之为 B2C 模式。直接面向用户——用户可以是病患，也可以是关注健康的普通人群，当然还可以是医生，甚至是保险业界人士。我国市面上的移动医疗 App 绝大多数是面向患者的，面向医生等专业人士的应用很少，可以为保险公司提供服务的更是没有。而美国大概有 31% 是服务于医药专业人士的，尽管以普通人群为入口发展智慧医疗依然占主导地位，但向专业人士逐渐覆盖才是真正的发展趋势。从服务对象的比例也可以看出我国移动医疗 App 市场仍处于初级阶段，或者说仍处于布局阶段，广告、流量分享、增值服务和培养用户消费习惯是企业的普遍目标，真正能产生价值的应用还不多，医疗服务的层次更是有待提高。并且，目前市场上的已有 App 还存在许多问题，主要表现在商业炒作厉害、市场需求与企业营收不成正比、同质化严重三个方面。

2. 项目创新点

大数据的创新应用与实现是本项目的主要创新点。

（1）个性化数据服务

大数据帮助实现便捷挂号、智能初诊等功能。另外通过用户和案例的积累，形成用户的私人数据库，从中分析用户的年龄分布、病因状况等，从而有针对性地完善 App。比如根据收集的数据向不同用户提供不同的健康信息等。

（2）降低再就医率与疾病预测

利用用户数据的积累及分析，按照过往记录和患者信息，识别高风险患者并提供必要的护理，从而降低再就医率。通过分析数据的变化，获得患者出现相同或类似病症在人群中蔓延的信息，从而预测某些疾病的暴发。

（3）医患双方的大数据利用

大数据的积累为医生诊断提供参考和决策，提高了效率，并帮助医生寻找降低医疗成本的办法。用户的私人数据库可以帮助其进行私人健康规划，提早预防疾病的发生，拥有更加健康的身体。

（4）与各平台接轨互利共赢

和医疗器械厂商、制药商、保险机构等进行合作，利用这些大数据厂商可以有目的地制造出更多患者需要的器械和药品，而“来医吧”也会对提供的数据收取一定的费用。利用大数据模式，在保险机构和用户之间扮演类似中介的角色，不仅能使我们盈利，同时也能为合作单位带去客户群，一举多得。

（5）医疗资源共享

大数据的应用可以整合闲散的医疗资源，包括社区医院、三甲医院及未毕业的医科大学生，实现医疗资源的最大化利用。通过与用户医保数据库的联结做到用户就医过程中与医保信息形成信息交互，达到医保的信息化。

3. 项目进展情况

本项目开发完成了一个名为“来医吧”的App——基于大数据的互联网综合性服务平台，在大数据和互联网的支撑下，该平台以服务大众为宗旨，以缓解看病难为目标，是一个集服务和公益为一体的综合性平台，既能实现多样化的功能，又能极大提高就医效率，同时体现了社会的公益情怀。该平台根据用户的需求及用户群体特征统筹规划，将App的入口进行版块分类，入口分为普通版、老年版和儿童版三大版块。

（1）功能设计

预约挂号功能。该平台以数据库为基础，依靠互联网实现智能便捷挂号，用户首先进行注册，提交用户资料，包括姓名、身份证号码、年龄、职业、电话、地址、病历（或无），以此实现实时性便捷挂号，层次化筛选医院，智能化推荐就医。

智能初诊功能。平台首先人工进行案例和数据的大量积累，在积累一定用户和案例之后，系统就可以自动形成自己的数据库，通过对这些数据的分析，平台形成自己的专业医疗体系，可以实现疾病的初步诊断，并为医生的进一步诊断提供参考，提高实体医院的服务效率，同时系统可以对每个有历史记录的用户形成私人数据库，进行私人健康分析和私人健康规划，生成一份属于用户自己的自检方法、平时的注意事项及锻炼计划。

远程医疗功能。该平台能通过视频的方式实现医生在网上为患者进行远程初步诊断，解决掉一些轻病症患者的医疗问题，缓解医患供需矛盾。患者首先在网上进行预约挂号，选择医生和时间，然后提交病情描述，等待与医生进行视频诊断。

特殊医疗服务功能。该平台还能为用户间接提供特殊医疗服务，如为行动不便者，或有特殊需求的患者，提供上门医疗服务。

每日运动提醒功能。向大家推荐每日小运动，让生活更加规律、健康起来，提高免疫力。同时还会推送一些运动达人的瘦身经历来督促大家进行健康饮食、按时锻炼。

闹钟功能。用于用药提醒、约诊提醒、复诊提醒。

（2）数据库设计

本平台根据整体结构设计出数据库，整理出 E－R 图，如图 9－2 所示。

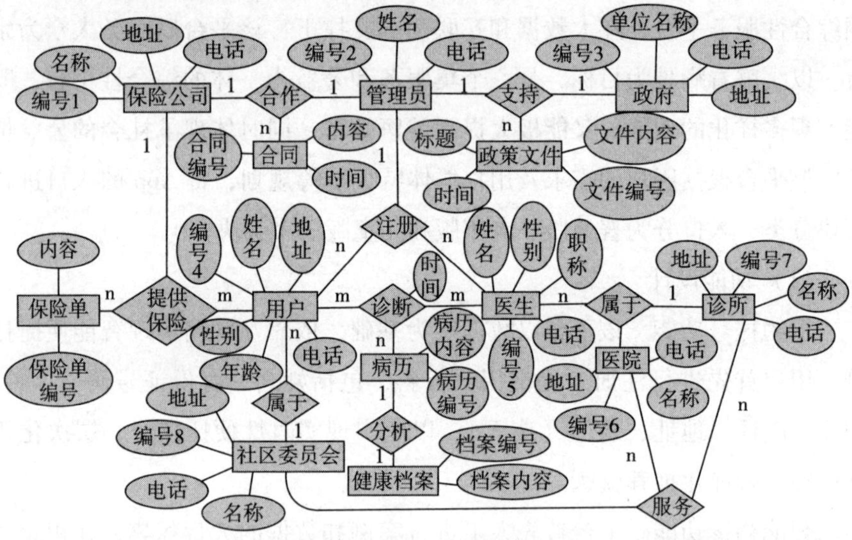

图 9－2 “来医吧”数据库 E－R 图

（3）界面设计

首先，整个 App 都以素色为背景，因为素色代表安静和舒适，能为用户带来好心情；其次，界面力求简约，使用户使用方便；最后，底部设计有主页、消息、个人中心三个按钮，方便随时跳转。

入口界面：入口主要包括普通版、老年版、儿童版，满足了各个年龄层次的用户需求。

比如，为了便于老年人阅读使用，老年版界面采用了大字体及文字转语音的设计。

儿童版界面采用卡通动画的形式向幼年儿童传播医疗、健康小知识，帮助孩子在娱乐的同时健康成长。

（二）市场需求

数据显示，截至2017年年底中国移动医疗健康用户规模达到4.41亿人，如图9－3所示。本年度移动医疗健康仍将保持较高的普及速度，随着行业的发展，移动医疗健康服务能力有望从外围咨询、挂号医疗服务逐渐深入医疗医治服务，移动医疗健康服务体验有望得到质的提升。

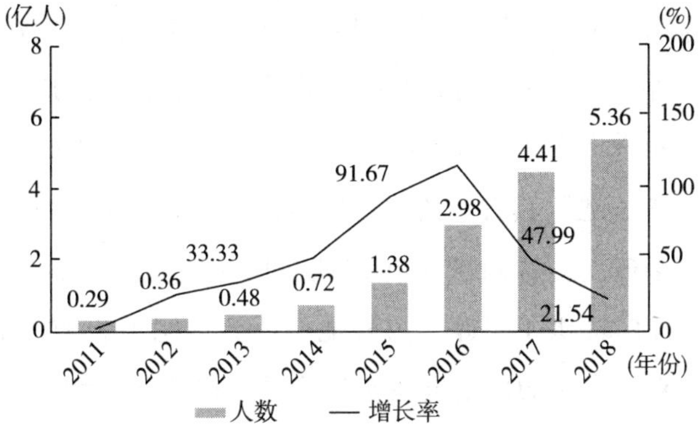

图9－3 2011—2018年中国移动医疗健康用户规模

而到2017年年底中国移动医疗健康市场规模预计将会达到125.30亿元。2018年，中国移动医疗健康市场规模将达到213.90亿元。当前中国移动医疗健康市场在挂号、轻问诊领域已逐渐被巨头垄断，资本活跃度有所降低；但在医药电商、诊疗服务平台、健康管理等细分领域，仍将存在大量市场空间，如图9－4所示。

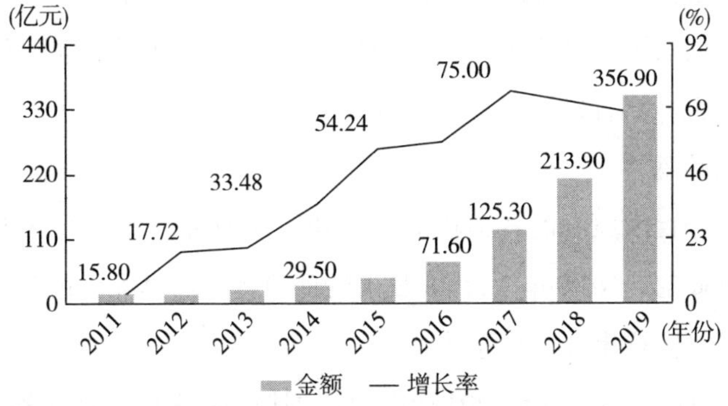

图9－4 2011—2019年中国移动医疗健康市场规模及预测图

（三）市场分析

（1）春雨医生

春雨医生是一款比较成熟的医疗 App。春雨医生（原名：春雨掌上医生）创立于2011 年 7 月，历经 4 年的时间，截止到 2015 年 7 月，春雨医生已拥有 6 500 万用户、20 万注册医生和 7 000 万条健康数据，每天有 11 万个健康问题在春雨医生上得到解答。

春雨医生与“来医吧”都具有智能初诊、医患论坛、医疗健康知识的推送功能，另外，春雨医生与我们在数据采集分析和与医疗药品器械售卖机构、保险公司合作方面，有着许多相同点。不过，春雨医生没有预约挂号功能，而“来医吧”具有预约挂号功能，这就避免了用户去医院挂号的麻烦。在推广渠道上，春雨医生在初期与医生进行逐个面谈，为我们在 App 上线初期推广提供了思路，另外他们的会员制思想和本平台有重合，春雨医生平台对会员制的探索也在初步阶段，相信会对我们的会员制设计有借鉴意义。

（2）阿里健康

阿里健康 App，致力于为用户提供即时、便捷的在线 O2O 购药、医生咨询、智能健康设备管理、家庭健康管理等方面专业服务，为医药健康行业提供全面的互联网解决方案。

阿里健康的医生在线咨询、预约挂号加号是与本平台相通的功能，另外，其医药售卖服务我们将来也会在积分商城中逐渐实现。在推广方式上，它主要采取了补贴优惠来吸引用户。另外阿里健康借助阿里之前积攒的人气和财力，拥有雄厚的运营基础。

（3）百度医生

为了整合百度原有的各项移动健康和医疗业务，2015 年 1 月，百度成立了医疗事业部。2015 年 1 月 28 日上线的百度医生 App，就是专注挂号业务的平台，是医疗事业部的拳头产品。

2015 年冲完挂号量后，2016 年百度的挂号业务便不做更多投入。取消补贴后，百度医生 App 和 PC 端加起来一天一共有 10 000 多个挂号量，这才是平台真实的业务量。在“魏则西事件”后，医疗广告的收入下降，直接导致2016 年第二季度总营收比预期大幅下滑。2017 年 3 月 3 日，百度医生对外宣布，因业务调整，4 月 1 日起，百度医生将关停服务并下线，且清空数据。

百度医生拥有和本平台相同的挂号、预约医生、智能问诊等功能，另外在与医院合作、搭建患者数据采集和医疗大数据分析平台方面，本平台也有相似功能设置。同时，在推广方面，百度医生也采取了线上与线下推广相结合的方式。但不同的是，百度医生采取了现金补贴的方式来吸量。

（四）商业模式

1. 商业画布

“来医吧”医疗服务平台致力于打造成为基于大数据的互联网专业医疗服务平台，主要提供预约挂号、智能诊断、远程医疗、特殊医疗、医患论坛、健康资讯、养老服务、儿童健康教育、家庭医生等核心服务。利用互联网技术实现网上预约挂号；利用视频诊断实现专家会诊、远程医疗；通过医患论坛实现医生与医生、医生与患者、患者与患者之间的交流和咨询；同时采用大数据技术，通过案例和数据积累，进行大数据分析，实现智能初诊并为医生诊断提供参考，并且形成用户私人数据库，以此打造平台的核心竞争力和盈利点，与制药厂、医疗器械厂商的合作互利共赢，这些运营商的加入可以为患者提供最新的医疗设备信息；由于环境的复杂多变及需求的多样化，本平台提供特殊医疗服务的途径，通过悬赏的方式完成医疗服务，医生在接到任务上门服务之后收取的费用也是“来医吧”的利润来源。

本平台除普通版，还为老年人和儿童特别设计了适合他们的老年版和儿童版，因此将会受到不同年龄人群的青睐；为适应社区居民的不同就医需求，完善基层医疗卫生网络，平台中设置了家庭医生的环节，通过平台推荐再签约的方式促进医生进入社区，保证了医生的服务质量；为体现平台的公益性情怀，平台免费提供健康资讯，定时推送疾病预防、急救常识、健康养生知识，使消费者对自己的身体健康状况有一个很好的管理。平台通过收取广告入驻费用，收取智能诊断的诊断费、远程医疗服务费、特殊医疗及家庭医生服务提成、普通医生和医科大学大学生的入驻费（副主任以上医生免费入驻），以及 VIP 服务费（VIP 服务包括私人健康分析预测、私人健康规划）进行自身的基本运营推广和盈利。

本平台致力于成为一个便民利民的医疗 App，解决大众就医难的问题，让人们拥有更健康的生活。核心服务包括预约挂号、智能诊断、远程医疗、特殊医疗、医患论坛、健康资讯。其中，既有包含诊断、服务提成等收费点的部分，又有包括各种免费健康资讯和保健知识的公益性部分。另外，利用大数据技术创建私人信息数据库来提供个性化服务，成为一个基于大数据的专业、权威、统一性互联网医疗服务平台。

2. 目标客户

（1）普通版

①不愿在挂号方面花费较多时间的患者；

②患病不严重且愿与医生面对面交流咨询病情的患者；

③患病严重但行动不便或疾病易传染不宜到公众场合的患者；

④热爱健康生活、关注现代医疗的健康达人；

⑤患慢性疾病，渴望与相同病友与医生交流的患者；

⑥热衷公益或想增加收入的有医师资格的医生；

⑦渴望发挥才能的医科大学生；

⑧希望与治疗同类疾病医生交流的医生。

（2）老年版

①患病严重且行动不便或疾病易传染不宜到公众场合的老年患者；

②对医疗健康知识有兴趣的老年人；

③注重养生的老年人；

④患有各种慢性疾病的老年人。

（3）儿童版

①对医疗健康知识没有概念但有一定认知能力的幼年儿童；

②对动画及动画小游戏感兴趣的幼年儿童。

（五）营销推广

1. 营销策略

本平台是一个基于大数据的医疗服务电子商务平台，我们拥有一套自己的营销方式，我们的营销策略主要分为七部分，如图9－5所示：扩大用户量、引入相关资源、联合多方运营商、定位、渠道、活动营销、盈利点。我们采用线上与线下联动，积极争取更多合作方，以多渠道、多方式、多角度来进行宣传推广，同时配合高水准的服务来获得更多的用户。我们的盈利点设置为七点，通过盈利我们也会更加完善自身，在走向完美的路上为大家提供更优质的服务。

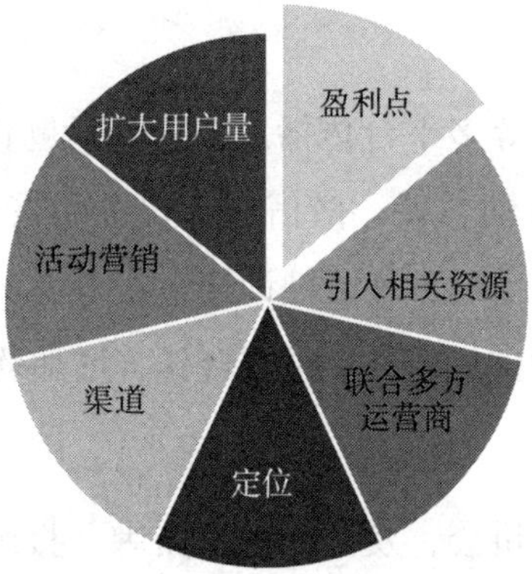

图9－5 “来医吧”营销策略分布图

（1）扩大用户量

首先是拓展新的医生资源，高质量的医生资源是“来医吧”长远发展的重要保证。其次是患者用户群的吸引。通过推送智能挂号，与医院线上对接，共享部分信息，利用大数据的分析，实现智能预约挂号，同时优化问诊流程，依据之前的评分制度，客户一般会选择评分高的医生，这就导致医生供不应求。建立自动分流体制，自动实现相同资质医生的推荐，同时也能提高医生增强服务质量的动力；另外，引入检后回访，降低再就医率；并且，通过进行家庭医生排行榜排名让大家来选出合格优秀的家庭医生，由居民大众来给家庭医生贴标签，选出好评率最高的医生，增强家庭医生进社区的服务理念和广大人民的认同感。

（2）引入相关资源

引入公立医疗资源，辅助公立医院电子病例系统；引入民营医疗资源，与民营体检机构合作。“来医吧”可以介入体检前的预约、体检中的排队，以及体检后的报告获取等步骤，对体检合作获得的数据进行分析和整理，将其加入患者的健康信息档案中。

（3）联合多方运营商

“来医吧”自身整合的数据对于制药商、医疗器械厂商、保险公司等都是宝贵的资源，只要加以合规合理地整理和利用，就可以实现多方共赢。

2. 线上营销推广

微博、微信、论坛等多平台传播。微博：话题传播，配合活动、产品宣传和与目标人群的互动答疑；微信：客户关系管理和精准营销；论坛：做活动，发布新闻；谷歌、百度关键词搜索；电视、网络广告宣传。

通过与第三方移动支付软件支付宝合作，增加软件的便利性。

3. 线下营销推广

通过举办讲座、宣讲会，发传单以及路牌、报纸、杂志等适当扩大知名度及树立品牌效应。

案例10 爱学网——约自习App应用建设

一、项目简介

爱学网——约自习 App 是一个主要面向大学生，帮助他们提高课后学习效率的软件。在约自习 App 中，用户可以设定自己的学习属性，如年级、专业、偏弱科目、强项科目、个人偏好自习时间和地点等。同时可以设定偏好选项，寻找适合自己的自习伙伴。您可以在约自习 App 中寻找伙伴选择在学校、图书馆、咖啡厅等地点进行学习，也可以选择在线上聊天室通过打字、视频、语音等方式进行学习。

爱学网——约自习 App 致力于为广大学生提供一个灵活、有趣、可靠的学习平台。

二、团队介绍

郭宗琛：北京联合大学管理学院电子商务专业 2014 级本科生。

牛少婷：北京联合大学管理学院电子商务专业 2014 级本科生。

黎明馨：北京联合大学管理学院电子商务专业 2014 级本科生。

王菲：北京联合大学管理学院电子商务专业 2014 级本科生。

张凯迪：北京联合大学管理学院电子商务专业 2014 级本科生。

王晓红（指导教师）：北京联合大学管理学院电子商务专业教师，硕士，教授。主持和参与各类科研和教研项目10余项；以第一作者身份发表论文30余篇；主编“十二五”职业教育国家规划教材1部、普通高等教育“十一五”国家级规划教材2部。

三、项目策划书概要

（一）项目概况

1. 项目背景

懈怠可以说是现在大学生身上普遍的一大缺点。大学生活比较自由，每个人都会有自己的计划与安排。有的人可能生活得很有规律与规则，有自己的目标和计划。但是大多数大学生都处于迷茫状态，过一天算一天，没有计划、没有安排。

同样作为大学生的我们希望迷茫或者没有学习动力的同学们能变得热爱学习，变得勤奋起来，不再那么懈怠，让他们能够远离网络游戏，更好地享受大学生活。

大学的图书馆平时多是冷清的，只有在考试前两周才会座无虚席。同学们平时不会想起来去自习，只有迫在眉睫时才会各种刷题。这样的学习方式其实是不可取的。也许考前突击效果很明显，但多是暂时记忆，考完就忘，并不能熟记于心，熟悉应用。扎实的基础是在平时就打下的。所以，如果有一款App能够在平时就激励大家学习，平时的生活充实了，在考前也就不会那么紧张忙碌。于是“爱学网——约自习App应用建设”团队诞生了。

2. 项目进展情况

约自习App建设项目主要分为App策划及前期洽谈、App建设和网站运营及推广。其中App策划及前期洽谈包含市场调研分析、广告洽谈、成本预算及管理；App建设包含程序整体设计、美工设计与制作、程序设计与建设；网站运营及推广包括程序营销推广和程序运营及维护，具体如图 10－1 所示。

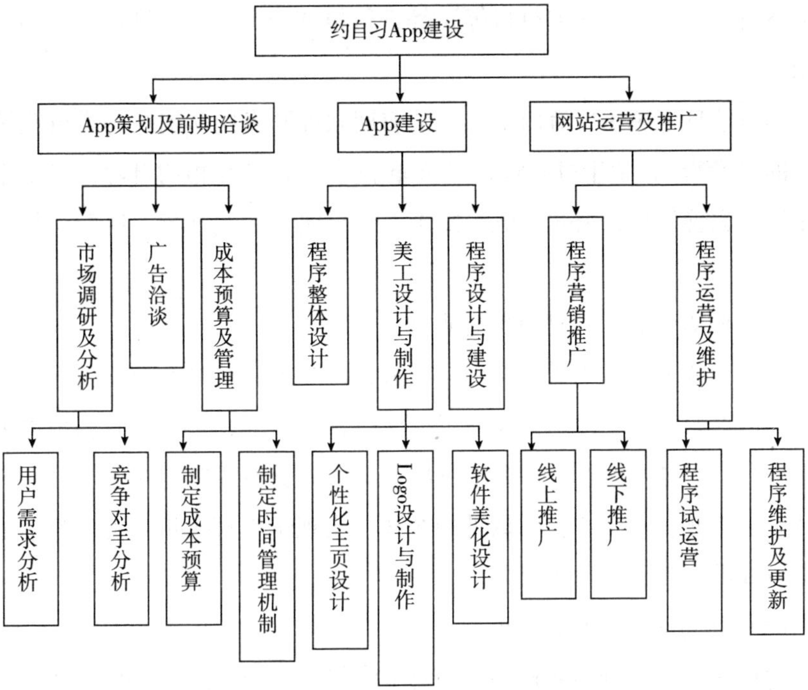

图 10－1　项目实施分析图

约自习 App 界面背景是书架，文字是：约好一起去自习。意在从视觉上给用户一种学习的氛围。

目前移动互联网的发展速度已超过固定互联网，智能手机出货量已超过 PC，随着智能手机、TD－LTE（4G）、终端设备等的发展，预计二三年内移动互联网用户数将超过固定互联网用户数，所以这越发地促使我们追逐时代潮流，完成这样一个 App。

在这里，清晰简洁的版面、易于操作的菜单、真实准确的定位及评价是重中之重，必定会促进更多线上交易的完成。为了能够更好地吸引到客户，约自习 App 实现以下 6 个功能。

（1）自习合适人选信息搜索

约自习 App 定位于做中国最流行、最专业的学生自愿相约自习的软件，因此本网站的首要功能是为学生们提供有效的自习人员信息。我们根据用户需求将学生信息按照地区、年级、性别、学习状况、当时状态（是否准备自习，想要学习的科目等）等进行精准分类，从而满足不同用户的需求。

网站信息来源主要有两个：一是前期软件开发团队前往各学校邀请并认证的“学霸”，学生可直接通过 App 搜索、私聊并相约自习；二是学生自主注册完善信息，App 认证后给予发布，实现在线搜索、匹配、相约自习等。

（2）附近适合自习地点信息查询

约自习 App 不仅有搜索自习合适人选的功能，还具有根据用户需求推荐自习地点的功能。系统会根据用户的位置、要求、自习时间长短等为用户匹配合适的自习地点，并为用户推荐合适的交通线路与交通工具。约自习 App 还实现了与一些打车软件的合作，实现学生打车折上折，为学生外出自习提供更多的便利和优惠。

（3）共同学习后互相点评

约自习 App 为处于各阶段的学生们提供了一个自愿相约学习的平台，为了保证用户的学习质量，约自习 App 还提供了结束学习之后相互点评学习状态的功能，即用户在完成学习之后，可以对对方学习时的专注度、投入度、互动程度及是否守时等方面评分，而系统会综合每位用户的得分，显示在每位用户的个人信息中，作为其他用户的参考信息。这也是用户等级上升的一项重要标准。

（4）用户认证体系

约自习 App 将建立自有的信誉认证体系，对每个学生进行定期项目评估，保证每位学生信息的真实性，为学生们提供完善的信任机制保障。

（5）家教推荐

约自习 App 中有一个推荐家教的版块，这一版块中所推荐的家教都是经过实名认证的各所大学的学生，中小学学生的家长就可以通过本软件的家教推荐功能找到可信的、靠谱的大学生家教。

(6) 约自习 App 项目

约自习 App 项目主要包含学习地点查询、约自习、公众平台三个部分，具体如图 10－2 所示。

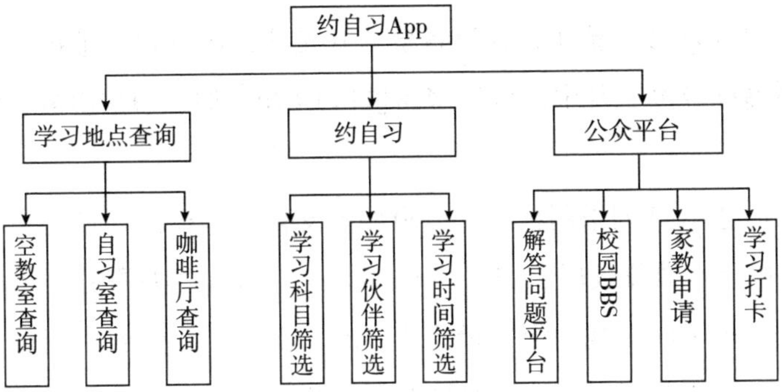

图 10－2　约自习 App 项目

(二) 市场分析

1. 技术可行性分析

约自习 App 的计划目标包括 App 程序编写、美工、Bug 测试、App 内测、App 推广公测等，项目针对每个具体目标进行了技术可行性的分析。将 App 的开发目标和具体要求与相关技术人员进行交流沟通，经讨论，App 的每一个具体目标在技术上可行。

美工任务由本团队成员牛少婷及张凯迪协同完成，运用 Photoshop 等图片编辑软件，将团队对于 App 界面的想法展现出来。同时，团队经过大量的调查分析使 App 的设计及功能更加贴近用户的需求。App 界面布局明确，简洁明了，易用性强，方便用户使用，可用性较强。

2. 管理可行性分析

管理可行性主要保证约自习 App 开发中所需要的人力资源。约自习 App 的开发及推广中，团队成员各有所长，覆盖了 App 开发、推广、运营、维护等全方位工作。团队目标明确，运转正常。因此在团队管理方面，约自习 App 项目具有可行性。

3. 经济可行性分析

经济可行性分析主要是针对 App 的成本与效益进行评估。分析经济效益能否超过开发、运营、维护所需要的费用。

约自习 App 成本费用包括设备费、开发费、运行费、维护费、注册域名、注册商标等等。其中，运行费还包括 CDN 存储、短信服务、消息推送费用等。

约自习 App 计划采用植入广告附加内支付盈利模式。首先广告位采用 Banner、积分、推荐版块、插屏广告、推送等形式。如积分，当用户想要屏蔽广告，可采取下载一定数量广告 App，安装，并体验一两分钟，即可获得积分，当积分累计到一定数量即可屏蔽广告，而开发团队也可从中获得收益。内支付，即当用户群体上升到一定数量级后，针对一些固定用户需要更多功能或更独特标识，甚至为了去广告而推出的会员服务。

4. 政策可行性分析

伴随网络的普及和发展，电子商务活动在世界各地以惊人的速度快速发展，人们在日常生活中应用互联网电子商务变得越来越普遍，电子商务同样在大学校园里扎根发芽了。

校园电子商务顾名思义就是指专门针对校园学生的一种区别于校外社会的电子商务。作为一种新型的电子商务，校园电子商务在我国的发展受到了广泛的关注。但是我国校园电子商务的建设仍处于起步阶段，没有较为实用的校园电子商务平台，更缺乏成熟的校园电子商务运营模式。

但是，国家大力支持大学生科研、创业活动。各类商务创新大赛、三创大赛等比赛越来越受到大学生的广泛认可。运营团队如果能够认清校园电子商务的发展现状，抓住信息全球化所带来的机遇，采取有针对性的营销策略，构筑起校园电子商务平台，就可以在校园电子商务的快速发展中抓住机会，赢得新的发展机遇和市场空间。

综上所述，约自习 App 在技术上、管理上、经济上、政策上均有有力的条件支持项目执行和实施，因此，该项目可行性较强，适合实施。

5. 竞争对手分析

（1）课程格子

它是一款基于课程表的移动社交产品，帮助学生了解课程安排的同时有机会认识一起上课的同学。除编辑创建课程表外，还可以添加课程笔记、评价老师；和同上一节课或者同院系的同学打招呼、聊天，认识更多新朋友；查看其他学校的课程安排。还可以提示上课时间、教室与授课教师等信息。课程格子首页有每日推荐的文章和成绩查询、早起打卡等功能模块。

（2）超级课程表

超级课程表是一款针对大学生市场的校园应用、课表交友新方式，能认识同班同学，快速了解大学新鲜资讯……软件内置许多功能，如查看课表、记录课堂笔记、成绩查询等；还配置了不少服务性功能，比如，社团活动、二手交易、失物招领等。

（3）重庆某大学公众号

重庆某大学微信公众号，推出了“查空教室”功能，只要拿出手机一搜，就能立刻找到有空座的自习室。据公众号的负责人介绍，目前这项功能可查看本学校12栋教学楼、6个实验室的所有教室的使用情况。同学们还可对教室大小、使用时段等进行筛选。

（4）竞争对手情况分析表

竞争对手主要有三家，课程格子、超级课程表、微信公众平台，具体如表10－1所示。

表10－1　竞争对手分析表

App名称	优势	劣势
课程格子	·能够与学校教务系统同步，使课表完整无误 ·可以查看共同上课同学 ·有精准的时间，会在上课前一晚或一早弹出通知，告知今天的课程 ·可以自己个性添加贴纸，制定自己的独特课表 ·拥有考试倒计时功能	·没有成绩查询功能 ·用户管理不是很好。如果没有绑定邮箱或设置密码，软件重装后找不回账号

续表

App 名称	优势	劣势
超级课程表	·能够与学校教务系统同步，使课表完整无误 ·可以随手记笔记 ·首页有新鲜事推送 ·具有校园活动推广功能 ·拥有考试倒计时功能 ·有失物招领功能 ·有跳蚤市场功能	·界面有些杂乱，不易快速找到想使用的功能 ·功能过于繁多，使用起来很复杂 ·对于部分高校教务系统对接不够好
微信公众平台	·方便本大学的学生查询空教室以便于自习 ·不用下载 App 占手机内存，打开微信公众号就可以查询	·功能单一，不能满足学生需求 ·非本学校学生不能使用，使用范围窄

6. SWOT 分析

为了更好地了解市场和在市场中竞争，我们需要知道约自习 App 的优势和劣势以及市场上的机会和威胁，具体如表 10－2 所示。

表 10－2　软件 SWOT 分析表

Strengths（优势）	Weaknesses（劣势）
1. 是适用于全国范围的专业约自习 App 2. 可以根据个人状态、所在地区、个人喜好等信息找到合适的自习人选以及自习地点，让整个自习过程更愉快 3. 可以打卡，并将打卡信息分享到朋友圈、微博或空间，满足用户体验的同时，还可以达到推广宣传 App 的目的	1. 是全国首个专业约自习 App，缺乏同类型 App 借鉴经验 2. 盈利途径较窄
Opportunities（机会）	**Threats（威胁）**
1. 目前缺少专业约自习的 App 2. 受众群体数量多	1. 相似功能 App 竞争 2. 合作资源少

（三）商业模式

1. 商业画布

约自习 App 不仅仅是一个可以相约自习的信息平台，同时结合了靠谱家教的信息。

为了避免 App 盈利模式单一、入不敷出的问题，约自习 App 独创了特有的商业模式。在搜索并确定合适的自习约定人选之后，可进行在线交流和在线预订，预订信息将第一时间发送到被约人手机上。同时，约自习App还可以实现定制预约出行服务，这种搜索查找、在线预订、在线交谈、定制地点、定制出行、学后互评一条龙服务的商业模式，是约自习App独有的。优势主要体现在以下几点。

一是，App的功能丰富、实用。除了一般的信息查找、预订、互评功能，还具有特色的定制地点、定制出行等功能，增加了App的实用率，有助于约自习App成为一个真正的联络桥梁。

二是，CRM管理，便于使用。在用户注册的过程中，App同时收录许多用户信息，进行数据分析、存档。这不仅有助于后期增值服务中的信息提供，更能够成为App的一种很强大的后备力量。

三是，实名认证，信息安全性好。所有学生用户都有学生卡等证件的实名认证，确保用户信息的真实性、可靠性以及学生使用本软件的安全性。App中推荐的适合学习的地点是经过调研人员前期的辛苦调研并与之签订合同确定的，保证了自习地点信息的真实、可靠。

四是，采用一条龙服务，方便快捷。绝对把客户的需求放在第一位，为口碑营销打下坚实基础。

2. 盈利模式

现有电子商务的盈利多源于广告收入与交易佣金。约自习App的盈利主要源于以下三个渠道：线上盈利、线下活动策划和组织盈利、其他业务盈利。

（1）线上盈利

约自习App上所有的由App推荐的非校内自习地点都要与我们App签订合作协议，我们收取一定的管理费用和交易佣金，同时推广的广告费用也会成为主要收入来源。

（2）线下活动策划和组织盈利

约自习App在提供线上自习信息的同时，还组织和承办一些学习方法或兴趣爱好交流会。一来让学生在紧张的学习之余放松身心，二来为约自习 App 的宣传和推广打下良好的口碑，三来通过举办活动盈利。

（3）其他业务盈利

其他业务盈利是约自习 App 不可或缺的一部分，如家教推荐版块是要收取交易佣金和广告费用的。

从调查中可以看出：有超过 31% 的被调查者表示接受有偿学习/补习，有 25% 的被调查者处于观望状态。若强化有偿学习/补习水平，将观望的用户转化为付费用户，付费用户带动不付费用户，App 平台从中抽取学习/补习交易佣金，是一项可观的平台盈利，可参考图 10－3。

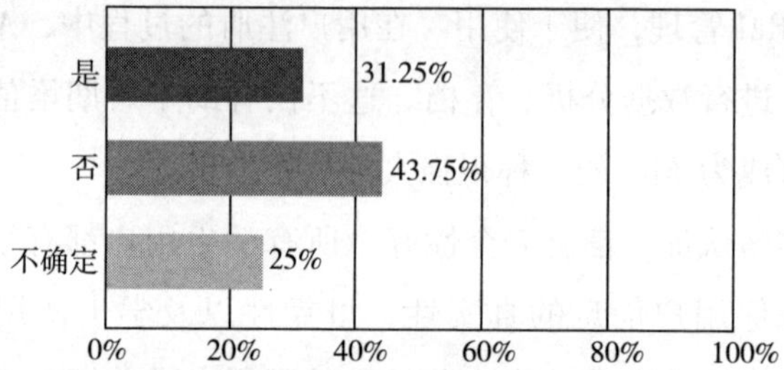

图 10－3　有偿学习/补习分析图

部分资金用于 App 的进一步升级建设。根据用户体验，进一步完善 App 的分类，满足用户的需求，让约自习在客户心中成为一个优质的数字学习平台。

部分资金用于 App 的宣传推广。如广告链接，在微信平台、微博平台的推出，以及后期可以制作小视频进行推广，以此来增加公众的关注。

App 建设后期，将盈利投到开发智能手机 App 应用上，举办更多的线下活动，通过这些努力让更多学生自愿、自主地自习，把相约自习变成一种潮流，也进一步地让我们的 App 走得更好、更远，达到双赢的目的。

3. 目标客户

约自习 App 目标是做中国最流行、最专业的学生自愿相约自习的软件。App 发展的初期，客户来自于调研人员前期邀请认证的大学生和自主下载约自习 App 并注册发布了个人信息的大学生。

App 发展中期，客户群体逐渐扩大，此阶段各年级的学生都是我们主要的目标群体；另外，每一个注册用户身边的同学，也都是我们的潜在客户。

App 发展后期，已经引起了各年级学生们的充分关注。App 已具有一定的知名度、信誉度、品牌认可度，并形成一定规模的用户群，发展比较成熟。App 能够吸引各行业的合作伙伴，开展更多的业务。此时，App 除了前期、中期的客户以外，还增加了在 App 投放广告的各类企业和商户的广告商；其他 App，在 App 发展到一定阶段后，其他部分 App 会在网站上做友情链接，这也将成为我们的客户。

（四）营销推广

1. 线上营销

（1）关键词营销

在网络上，关键词指的是输入搜索框中的文字，也就是命令搜索引擎寻找的文字。用关键词搜索推广，主要通过搜索引擎，带来巨大的访问量，节约广告的投入成本，提升网站的排名，达到宣传推广的作用。

（2）论坛营销

论坛营销就是利用网上论坛这种网络交流的平台，通过文字、图片、视频等方式发布 App 产品和服务信息，从而让目标客户更加深刻地了解这款 App，达到对 App 的宣传，加强市场认知度的网络营销活动。

（3）贴吧营销

贴吧推广利用强大的网络营销系统，根据 App 的性质、规模，为其量身定制一套营销策划方案。秉承“创意、创新，以市场为导向，为客户创造价值”的法则，将最大化地推广 App 作为目标，不断地革新，独立策划、设计、制作和推广，为产品增加策划优势。

（4）QQ 营销

QQ 营销在实际工作中有重要的作用。网络营销人员可以通过设置脚本来调用 QQ，实现及时的面对面的交流，及时地反馈和回答交流者的问题，增加成功概率。

（5）微博营销

微博营销以微博作为营销平台，每一个听众（粉丝）都是潜在的营销对象，团队更新自己的微博向网友传播团队、产品的信息，树立良好的团队形象和产品形象。每天更新内容，可以跟大家交流，或者讨论大家所感兴趣的话题，以达到营销的目的。

App推广有多种渠道，可以根据自己的产品服务特色和资金支持情况选择较为合适的推广方式。约自习App在推广中利用关键词营销、论坛营销、贴吧营销、QQ营销、微博营销等手段，通过这些开放性的交流平台达到较好的宣传推广效果。

2. 线下营销

线下推广采用的主要方式是进入校园中进行宣传。例如，展位宣传或与学习相关的讲座合作，在现场通过宣传单、展架等方式，进行有针对性的宣传……从而达到推广的目的。另外，和学校周边安静的咖啡厅、图书馆进行合作，达到营销推广的作用。

（五）财务分析

约自习App的成本主要有App开发成本和App运营成本。

（1）App开发成本

App的开发成本主要分为App设计成本、App编码、美工成本、测试成本。

约自习App整体设计由团队成员负责完成，因此这方面成本视为零。我们采用某App开发平台的App编码，这需要支付相应费用。App的Logo、图标、界面、Banner等均由团队成员自行设计，部分美工制作需由外力协助完成，并支付相应的费用。App进入程序开发阶段后，此阶段任务基本由团队技术人员完成，但有些开发工作需要外部技术人员配合完成。因此这部分的成本在项目总成本中占据一定比例，具体如表10-3所示。

表 10－3　App 开发成本表

成本项目	明细	费用（元）
App 编码	整体框架制作	499
美工设计	Logo 制作	99
	功能图标制作	150
	首页设计	400
	活动列表	100
	活动信息	100
	会员中心	200
总计		1 548

（2）App 运营成本

App 的运营成本主要包括硬件设备成本、网络环境费用、维护费用和人员工资。

App 投入运营后，基础运营由本团队成员完成，人员工资等成本可以视为零。除此之外，运营成本还包括服务器硬件成本、网络环境费用、服务器日常维护成本。其中包含了服务器和域名的租用费、网络宽带费用、App 日常维护和升级费用。通过对比市面上各种服务器价格，本着节约成本的原则，我们最终采用了阿里云服务器，具体成本如表 10－4 所示。

表 10－4　App 运营成本表　　单位：元

	第一年	第二年	第三年	第四年	第五年
域名	20	40	40	40	40
服务器	325	325	650	650	650
网络带宽	15G 免费	15G 免费	15G 免费	15G 免费	15G 免费
日常维护	600	1 100	1 600	2 500	2 500
合计	945	1 465	2 290	3 190	3 190

（六）项目展望

1. 短期目标

约自习 App 的短期目标，是通过更多的市场调查来确定更精准的市场定位，积极寻找有意合作的商家，进行深入的市场勘察。比如，去部分北京高校考察、了解现今高校学生的自习情况，将 App 更加精准地改版。

2. 中期目标

约自习 App 是一款校园服务类 App，中期目标是 App 功能拓展，实现围绕约自习这一功能，开发诸如线上发布、解答问题，校园 BBS，查询空教室；查询课表；安排备忘等功能。上线后进行覆盖式推广，在极短时间内迅速获取第一批用户。

3. 长期目标

长期目标将实现约自习 App 的普及推广，覆盖北京 50% 以上高校，成为大学生学习类 App 的首选。实现“众多需求，一款 App 全覆盖”。同时，约自习 App 将与各高校学生组织合作，定期推出惠及学生的各类活动，将 App 由学习类 App 拓宽为以学习类为主的校园综合服务类 App。

同时，在长期目标中，约自习 App 将与更多的商家合作，合作形式也将不局限于 Banner、积分、推荐版块、插屏广告、推送等等。到一定阶段后，实现各渠道盈利。

案例11 基于TRIZ理论——解决火锅外卖菜品精准配送问题

一、项目简介

随着我国外卖行业的快速发展，在线餐饮外卖服务逐渐渗透到日常生活中，外卖火锅也受到大众的青睐，火锅也不再局限于堂食。但是火锅店因菜品、酱料众多，导致外送餐品不精确，影响客户消费体验，一定程度上也使店家口碑下降。目前业内还没有形成较好的针对性的解决方案。

在项目的推进过程中，我们通过较好的创新的因果链分析方法，发现了“如何让外卖员准确配送?”“如何让配菜员准确备菜?”“如何提升订单处理能力?”“如何缓解用餐高峰期用工压力?”“如何规范员工分工问题?”“如何规范配菜流程?”“如何合理安排员工工作量?”这几个关键问题。随后，运用了40个发明原理中的“事前防范原理、抛弃及再生原理、预先作用原理、反向作用原理以及分割原理”，逐一提出了解决方案，通过方案的对比与分析，我们整理出一份最优方案，即从技术提升、流程优化和员工管理三个方面优化配菜中可能发生问题的环节，让整个配菜流程更加系统、精准化，从而提高顾客的消费满意度，提升门店口碑。

二、团队成员简介

陈欢：北京联合大学管理学院工商管理专业2019级本科生。

董晓雨：北京联合大学管理学院工商管理专业2019级本科生。

任敏：北京联合大学管理学院工商管理专业2019级本科生。

王伟：北京联合大学管理学院工商管理专业2019级本科生。

黄艳（指导老师）：北京联合大学管理学院电子商务专业主任，博士，教授，硕士研究生导师，北京市优秀本科育人团队核心成员。曾获北京市教学成果二等奖，北京联合大学教学成果一等奖。国际TRIZ创新方法协会委员，创新方法四级认证专家。

三、项目策划书概要

（一）商业价值

1. 项目应用场景

火锅店在用餐高峰期，门店客流量较多，且线上外卖同时进行，导致门店工作量较大。顾客点外卖火锅往往是希望在较短时间内获得其所点的全部心仪菜品，安心用餐。然而在门店用餐高峰期可能会产生外送菜品漏送、错送，客户等待外卖时间过长等问题，经调研，此类问题是门店差评急速增多的重要原因，顾客对这些问题的容忍度和宽容度较小，其很大程度上影响了顾客的消费体验，进而使得门店口碑下降，可见此类问题亟待解决。为此，我们制定了火锅店配送服务优化方案。

2. 问题分析

目前存在的解决方案大多是企业通过向顾客退差价或赠送优惠券等事后补偿措施进行解决，事前防范和事中控制的解决方案较少。本项目首次针对菜品种类复杂、外卖配送员错取漏取、配菜流程不完善这三方面引起的菜品配送不精准问题提出解决方案，该方案主要应用于火锅外卖菜品准备环节和外卖员取餐环节。

3. 原因分析

对火锅店外卖菜品配送不精确这一问题，我们运用因果链分析法寻找其产生的原因。

因果链是由一个个有逻辑因果关系的缺点链接而成的链条，其中每一个缺点都是其前面缺点所造成的结果，同时它又是造成后面缺点的原因。本项目因果链起始于初始缺点——“火锅店菜品配送不够精确”，由其推算出第一层原因“配菜员失误”和“外送员失误”。再对“配菜员失误”进行细致推算，认为“菜品种类多”“订单量大”“配菜人员身兼数职”“配菜流程不标准”“配菜员工作投入度不高”是第二层原因。将第二层原因中的“配菜员身兼数职”和“配菜员工作投入度不高”分别进行推算，得出“员工分工不明确”和“用餐高峰期人手不够”是前者的原因，“工作强度较大”是后者的原因。

由此我们得出三层原因，根据项目的实际情况，确定其关键缺点为：“外卖配送员失误”“菜品种类多”“订单量大”“用餐高峰期人手不够”“员工分工不明确”“配菜流程不标准”“工作强度较大”。

针对推算出的原因，将原因转化为问题，进而探讨每个问题的解决方案，由此初步构建此项目的解决体系。

4. 服务及产品描述

火锅是以其丰富的材料、独特的锅底和蘸料而深受消费者青睐的一种餐饮，但若将这些菜品、锅底、小料都通过外卖形式送到顾客家里，最先遇到的问题便是如何将复杂菜品、锅底、小料正确快速、高效地按订单的要求配出并打包，以及骑手准确地将火锅外卖配送到消费者手中，这些都至关重要。在火锅店外卖平台中，较多的差评均来自菜品配送不精确，较大程度上影响了顾客消费体验。

以井格火锅店为例，配菜员在火锅外卖配菜过程中容易出现失误，如漏拿或错拿菜品、底料等。在用餐高峰期，堂食和火锅外卖订单量大，火锅店内非常繁忙，配菜员在订单量激增时难以应对，有时候一个员工甚至“身兼数职”，厨房餐厅两头转，配菜人手不足，其他非配菜岗位应急而参与配菜，更加导致配菜失误问题频出。此外由于外卖员的取餐失误，也可能导致配送的不精准。

针对以上问题，本项目从技术提升、流程优化和人员管理三个角度提出解决方案。

技术提升方面：升级门店外卖平台的订单打印系统，避免外卖员取错的情况；利用大数据处理方式，合理安排库存，推出固定套餐组合，减轻配菜压力。

流程优化方面：不同情况下设置订单分流，从而提升订单处理能力、稳定运营以提高配菜精准度。

员工管理方面：提前对员工进行团队协作、应急处理培训，用餐高峰期有条不紊地进行运营，进而提高外卖配菜工作的准确性；火锅店高峰期繁忙岗位实行专人专岗，并日常实行定期轮岗制，让员工熟悉各个岗位的具体操作，合理调节员工工作量。

（二）研究基础

1. 项目资源优势

（1）深入了解业务需求

通过与北京联合大学旅游学院餐饮系的长期合作，项目组调研和了解了餐饮企业的需求，选择了井格火锅店为重点调研对象。在北京49家井格火锅店展开调研。基于调研数据，整理出火锅店的整个外卖配送流程以及优化员工管理，并对其相关外卖平台（美团外卖、饿了么）上的顾客评论进行整理分析，得出一些消费者在意且火锅店能解决的关键问题。综合以上数据和TRIZ创新方法得出一套解决方案，解决方案里包括技术提升和优化员工管理。针对技术部分的可操作性，咨询了相关专业人员；针对员工管理部分的可实施性，咨询了火锅店的经理人员。

（2）资深专家团队

项目依托北京联合大学旅游学院餐饮系、管理学院教师等的专家团队，其拥有多年餐饮企业流程设计、创新创业项目设计与管理经验，为本项目的执行提供咨询。在设计相关方案时，均咨询并参考了专家团队的意见和建议。

2. 合作基础

本项目组已经与井格火锅店达成合作，方便项目组了解其痛点和需求，设计优化方案，同时便于方案实施应用。

（三）项目实施方案

1. 路径及解题思路

（1）因果链分析

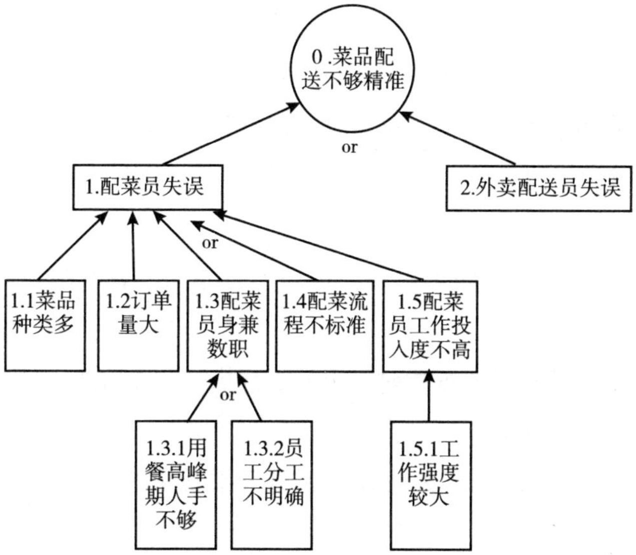

图 11－1　因果链分析

图 11－1 为项目的因果链分析。对问题进行因果链分析（如表 11－1 所示），根据项目的实际情况，确定关键缺点“2. 外卖配送员失误”“1. 1 菜品种类多”“1. 2 订单量大”“1. 3. 1 用餐高峰期人手不够”“1. 3. 2 员工分工不

明确”“1.4 配菜流程不标准”“1.5.1 工作强度较大”。

表 11 - 1　将关键缺点转化为关键问题

序号	关键缺点	关键问题
1	2. 外卖配送员失误（漏取、错取）	如何让外卖员准确配送？
2	1.1 菜品种类多	如何让配菜员准确备菜？（细化描述）
3	1.2 订单量大	如何提升订单处理能力？
4	1.3.1 用餐高峰期人手不够	如何缓解用餐高峰期用工压力？
5	1.3.2 员工分工不明确	如何规范员工分工问题？
6	1.4 配菜流程不标准	如何规范配菜流程？
7	1.5.1 工作强度较大	如何合理安排员工工作量？

（2）针对关键问题“如何让外卖员准确配送？”

在外卖员取餐时可能会取错订单，例如，错取了别的骑手的订单，订单送到时发现已经超时了。使用事前防范原理，即采用事先准备好的应急措施。

方案 1：骑手取餐扫描订单二维码进行二次确认。

在打印附在包装袋外的订单条时，订单条底部附有关于这个订单信息的二维码，骑手在取餐时，需要用手机扫码，确认是自己所接订单再取走。步骤如下：

步骤一：配菜员打印出附有二维码的订单条，将其附在打包好的外卖上。

步骤二：外卖配送员取餐时，用手机扫描一下二维码确认是否是自己的订单之后再将其取走。

（3）针对关键问题“如何让配菜员准确备菜？”和“如何规范配菜流程？”

由于火锅店外卖订单的特点就是菜品种类多且复杂，因此配菜员在配菜时容易出现错配、少配、多配的情况。使用事前防范原理，即采用事先准备好的应急措施。

方案 2：设计与菜品相对应的可粘贴条形码。

设计根据订单菜品生成可粘贴条形码，配菜员准备好菜品后就将条形码依次贴在各个菜品包装袋外，以便有效解决菜品配送不精准问题（参考超市商品条形码的应用）。具体步骤如下：

步骤一：门店接到订单，配菜员在操作平台上进行确认。

步骤二：确认之后机器自动打印出订单条，订单条上是每个订单所对应菜品的条形码，条形码是可粘贴的。

步骤三：配菜员取出订单条，并根据订单条准备菜品。

步骤四：配菜员准备好外卖菜品之后，将条形码一一对应撕下贴于对应菜品上，当订单条上没有条形码时证明菜品已经准备齐全。

（4）针对关键问题“如何提升订单处理能力？”

火锅店用餐高峰期的客流量较大，容易因人手不足造成运营混乱。此时，若有较多的外卖订单，则会加剧门店的运营混乱程度，从而导致外卖配菜精准度下降。因此需要解决订单处理能力的提升，从而保证运营的稳定，以此来保证配菜的精准度。

利用抛弃或再生原理，根据不同条件下（客流量、节假日）门店处理能力合理设置平台订单量，这样可以在门店的能力范围内让门店外卖保质保量，提升火锅外卖服务质量。但是这种方案无法被接受，因为限制平台订单量会导致企业的盈利损失，因此需要利用技术矛盾原理找到一个更为合理的解决方案。

①描述问题

要解决的问题是在不限制订单量（即不降低盈利能力）的情况下，如何提高订单处理能力，从而使得门店内部运营稳定，以此提高配菜精准性。

②阐述技术矛盾（参见表11－2）

表11－2　限制订单量从而提升订单处理能力的技术矛盾

	技术矛盾－1	技术矛盾－2
如果	限制订单量	不限制订单量
那么	运营稳定，保证配菜精准性	导致运营混乱，降低配菜精准性
但是	盈利水平受到限制	盈利水平受影响

③选择技术矛盾

由于我们的目标是提升订单处理能力，从而保证运营稳定，进而提高配菜精准性，所以我们选择技术矛盾 -1。

④确定技术矛盾中要改善的参数和被恶化的参数

我们项目的目标是提升订单处理能力，从而保证运营稳定，以此来提高配菜精准性，所以稳定性是技术矛盾中要改善的参数。由于需要限制订单量来提升订单处理能力、保证运营稳定，因此会降低门店的盈利水平，所以，技术矛盾中恶化的参数为盈利损失。

⑤将改善和恶化的参数一般化为阿奇舒勒通用工程参数

既然项目的主要目标是使运营稳定以提高配菜精准性，因此稳定性是需改善的参数。另外，盈利损失被恶化，因此它是恶化的参数。

首先，在 39 个通用工程参数中寻找最接近的通用工程参数。“稳定性”最接近于通用工程参数中的 27 “可靠性”；同样地，“盈利损失”最接近于通用工程参数中的 23 “物质损失”。

其次，如表 11 -3 所示，在对应列中输入这些参数（具体参数和通用工程参数）。

表 11 -3　限制订单量从而提升订单处理能力的具体参数和典型参数

	具体参数	通用工程参数（典型参数）
改善参数	经营稳定性	可靠性
恶化参数	盈利损失	物质损失

⑥在阿奇舒勒矛盾矩阵中定位改善和恶化通用工程参数交叉的单元，确定发明原理

首先，在阿奇舒勒的矩阵行中确定改善参数“可靠性”。相同地，在阿奇舒勒的矩阵列中确定恶化参数“物质损失”。改善参数“可靠性”在第 27 行，恶化参数“物质损失”在第 23 列。

其次，确定矩阵第 27 行第 23 列交叉对应的单元，如表 11 -4 和表 11 -5 所示。该单元显示数字 10、29、35 和 39，每一个数字都是阿奇舒勒 40 个发明原理中一个发明原理的编号。

表 11 - 4　限制订单量从而提升订单处理能力的发明原理

恶化参数 改善参数		23	24	25	26	27
		物质损失	信息损失	时间损失	物质或事物的数量	可靠性
27	可靠性	10，29，35，39	10，28	4，10，30	3，21，28，40	+

表 11 - 5　阿奇舒勒发明原理

发明原理编号	发明原理	发明原理概述
10	预先作用	A. 预先对物体（全部或至少部分）施加必要的改变 B. 预先安置物体，使其在最方便的位置开始发挥作用而不浪费运送时间
29	气压和液压结构	将物体的固体部分用气体或流体代替，如充气结构、充液结构、气垫、液体静力结构和流体动力结构等
35	物理/化学状态变化	A. 改变聚焦态（物态） B. 改变浓度或密度 C. 改变柔度 D. 改变温度
39	惰性环境	A. 用惰性环境代替通常环境 B. 使用真空环境

⑦应用发明原理的提示确定最适合解决技术矛盾的具体解决方案

通过使用上述步骤确定的发明原理找到具体解决方案。上述步骤确定的四个发明原理中，预先作用原理最适合用于寻找此技术矛盾的具体解决方案。运用预先作用原理，预先对物体施加必要的改变。

方案 3：根据不同情况设置订单分流。

根据不同用餐阶段及预订单的数量和时间来设置不同外卖订单送达时长来实现订单分流，从而达到提升订单处理能力、稳定运营以提高配菜精准度。在此过程中，促进改善外卖订单系统功能，使其具备提醒订单最迟处理时间的功能，防止订单处理超时或遗漏。

（5）针对关键问题“如何缓解用餐高峰期用工压力？”

火锅店的高峰期客流量暴增，这无疑会增加高峰期火锅店的员工的工作量。尤其对于开设外卖业务的火锅店来说，配菜员不仅仅要照顾到堂食消费者的配菜，同时还要兼顾火锅外卖的配菜，巨大的工作量难免会使得配餐员产生工作失误。并且餐饮行业最重要的特点之一就是用餐波峰波谷非常明显，如果按照用餐高峰期对资源进行配置，就会导致大段时间的资源闲置，影响盈利；但如果不配置足够的应对高峰期客流量的资源，在用餐高峰期门店及外卖订单的猛增就会导致高峰期门店运营的混乱，进而导致低级错误的发生。火锅餐饮店由于深受人们喜爱，用餐高峰期门店客流量及外卖订单量更大，且由于菜品种类较其他类餐饮店更为复杂，更容易发生用餐高峰期因门店运营混乱出现低级错误，尤其是外卖配菜失误。

第一，使用事前防范原理，即采用事先准备好的应急措施。

方案 4：提前准备好外卖菜品。

根据事前防范原理，提前做好用餐高峰期所需的食物半成品、锅具等的备用品，同时要有常规的预警手段，在特殊节假日、阴雨天气等特殊时期，增加与平常相比更多的准备量，从而减轻用餐高峰期的工作量，缓解因人手紧张、忙乱出现的配菜失误问题。

第二，使用预先作用原理，即预先对物体施加必要的改变。

方案 5：提前进行培训。

根据预先作用原理，提前对员工进行团队协作、应急处理培训。对员工进行顾客接待、点单、厨房做餐、送餐、卫生清理、外卖订单处理的全流程协作培训，尤其是重点对店长的协调能力进行培训，从而使用餐高峰期也能有条不紊地进行运营，进而提高外卖配菜工作的准确性。

（6）针对关键问题“如何规范员工分工问题?”

火锅店在用餐高峰期，门店客流量较大，且线上外卖同时进行，导致门店工作繁忙，如若员工分工不合理会降低门店整体工作效率，影响门店经营活动。因而要解决的问题是如何合理调配员工才能使火锅店在用餐高峰期快速高效运作。通过利用反向作用原理，即让物体或环境可动部分不动、不动部分可动等来解决员工分工问题。

方案6：用餐高峰期实行专员专岗，并提前计划好备用员工名单。

经理安排好各员工的具体任务，提前告知该员工今天的工作任务及临时调度情况；根据实时情况灵活调动员工。比如对工作繁忙的岗位应安排固定员工专职应对，预先计划好备用员工名单，以便在用餐高峰期对繁忙岗位进行相应人员补充。工作收尾时，经理应跟员工友好沟通，及时了解工作中存在的问题，查缺补漏，为下次工作分配提供可借鉴的经验。

（7）针对关键问题“如何合理安排员工工作量?”

第一，利用分割原理，对员工的工作内容进行拆分，现场指挥，做好各个工作岗位的协调工作，根据数据对外卖菜品进行提前准备，这样能够适当降低用餐高峰期员工的工作强度，提高外卖配菜精准度。

方案7：将外卖和堂食的员工进行拆分。

可以设立单独的火锅外卖小部门，也可以在高峰期抽调组成火锅外卖处理小组，从而将外卖和堂食的员工进行临时性或者永久性的拆分，专业化火锅外卖，实现工作量的合理安排。从一个订单启动，到配菜员配菜，装盒，打包，保证全流程的最高效运转，并形成完整的外卖运营手册，让工作有章可循，让配菜更加高效准确。

方案8：可以在外卖平台上推出“经典套餐”的配菜模式。

利用大数据处理方式，根据外卖销售数据，分析顾客的偏好，一方面可以拆分整理出顾客需求量大的菜品，提前采购，合理安排库存。另一方面，根据销售的火锅外卖数据，可以拆分顾客喜欢的菜品、底料、锅底组合，推出推荐的火锅配菜组合在外卖平台上进行销售，并根据顾客销售数据预测配菜组合销量，每日提前配好，顾客可以直接点商家推荐的菜品，减少高峰期人手不足带来配菜量激增，从而产生配菜错误的问题。同时火锅店管理人员结合工作的流程和任务，协调现场工作，统筹安排工作，确保配菜工作不受到影响。

第二，采用预先作用原理，对物体施加必要的改变。

方案9：实行定期轮岗制。

定期轮岗不仅可以增强每一位员工的技能，更可以调节员工的工作量。提前制订轮岗计划，将轮岗工作细化到每一个具体的人和具体的轮岗时间。火锅店的店员，如传菜员、服务员都应当定期到配菜岗位轮岗，熟悉配菜流程，期限可以是几周到几个月不等，制定轮岗表。

2. 项目运营实施方案

本项目提出了外卖精准配送“技术 + 管理”综合可行解决方案。

（1）技术方面

①多动能条码机——订单条、菜品条形码一体打印机。与“外卖管家”平台合作，开发订单条、菜品条形码一体打印机。打印机在火锅外卖订单来了之后，自动接单、自动播报、自动打单。根据订单菜品生成可粘贴条形码，配菜员准备好菜品后就将条形码依次贴在各个菜品包装袋外，能够有效完善菜品配送不精准问题。在原先订单条基础上加一个二维码，此二维码是用来让外卖配送员核对是否是其订单，避免外卖员取错餐的情况发生，如图 11－2 所示。

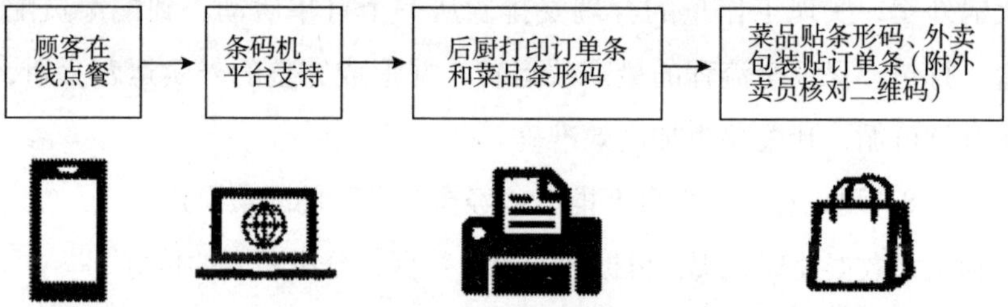

图 11－2　流程图

②设置不同情况下的订单分流。根据不同用餐阶段以及预订单的数量和时间来设置不同外卖订单送达时长，来实现订单分流，从而达到提升订单处理能力、稳定运营以提高配菜精准度。在此过程中，促进改善外卖订单系统功能，使其具备提醒订单最迟处理时间的功能，防止订单处理超时或遗漏。

（2）员工管理方面

①提前对员工进行团队协作、应急处理培训。对店长带领下的团队进行顾客接待、点单、厨房做餐、送餐、卫生清理、外卖订单处理的全流程

协作培训，尤其是重点对店长的协调能力进行培训，从而使用餐高峰期也能有条不紊地进行运营，进而提高外卖配菜工作的准确性。

②火锅店高峰期繁忙岗位实行专人专岗，经理提前告知该员工今天的工作任务并根据实时情况对其他员工进行灵活调动。门店日常实行定期轮岗制，让员工熟悉各个岗位的具体操作，增强员工的各项技能，使其全面发展，也方便在高峰期对员工进行灵活调动补充，在一定程度上调节员工的工作量。

（四）营销策略

1. 产品策略

产品主要分为硬件销售和咨询服务，从技术升级和员工管理升级两个方面提高火锅店的外卖服务水准是团队的目标。随着消费者对于外卖服务质量要求的不断提升，以及外卖市场的良好发展前景，火锅店外卖平台的升级迫在眉睫。团队针对火锅外卖菜品较多的问题设计出的多功能条码机，有效地将菜品条形码和外卖二维码订单条打印合二为一，解决了配菜失误问题和外卖员取错菜品问题；针对外卖消费者服务高峰期等太久的问题，团队提供软件升级服务，为火锅店定制专属的线上分流方案；本团队还提供管理咨询和培训服务，针对不同的火锅店和多功能条码机的使用情况，设计出有效的员工管理和培训方案。

当然，本团队还会对店家进行定期调研，提供后续的升级服务。

2. 渠道策略

要想使我们的方案被众多不愿意改变的商家认可，必须先取得几个固定客户的认可，将固定店家的问题很好地解决了才能形成口碑，再逐步推广。首先要建立自己的网站，网站上着重介绍使用我们的产品和服务之后业绩和口碑得到提升的店家，同时把网站的外链接发布到相关的各种正规的优质平台上面，对网站进行宣传，以吸引更多的用户访问网站，提高流量，增加潜在客户。并且可以和多个美食公众号进行合作，让其助力本产品服务的推广。当有一定的流量之后，可以建立自己的公众号，用来介绍我们的产品与服务，以及用来与店家答疑交流。

3. 促销策略

本项目主要面向中、高、低端具有外卖服务的火锅店。广告精准投放于商业街和美食城，集中于目标受众群体，避免浪费，降低成本。

4. 价格策略

对于首批客户采取重合作轻盈利的模式，主要是为了打入市场。硬件产品如多功能条码机首批出售要以高性价比的特点打入市场，而服务（软件升级、管理咨询和员工培训）可以根据不同档次的店家定制不同方案。

案例12 强动力低功耗——网约车出租车专用润滑油

一、项目简介

网约车出租车行业的发展充分地带动了就业，但也存在着保养成本高、耗油量大、积碳高、怠速抖动、利润低等问题。作为网约车和出租车司机，决定其是否赚钱的主要因素之一就是是否省油，他们愈加在乎动力本钱，同时高昂的保养成本也让网约车出租车司机越来越难以接受。

针对网约车出租车三大车系（德系、美系、日系）的相应痛点，北京享瞰科技有限公司利用“CRT 调和技术”和“CRT 清洁剂”合成出网约车出租车专用的润滑油产品，产品性价比高。北京享瞰科技有限公司依据网约车出租车车主需求，采用线上线下整合营销的方式进行专用润滑油的推广销售，迅速占领网约车修理厂市场。

对于 B 端用户进行传统地推、陌生人拜访、电话邮件销售及展会营销，搭建线上“网约车汽修厂联盟”微信群，通过 A1 - ONE 小程序与微信群相连接，让网约车修理厂加入；对于 C 端客户，采取发动机润滑油保养卡体系搭建，与网约车修理厂进行网约车出租车专用润滑油的存放，用户购买发动机润滑油保养卡后，通过小程序查询附近合作修理厂，进行保养维护。

目前项目已和北京驭宝行、北京惠通陆华销售公司、德师傅连锁、车友邦平台、昆明路翔6S店、普洱佳耀集团达成网约车出租车保养合作。截至2019年5月，已售卖桶装网约车出租车专用润滑油15 000桶，销售额约为210万元，利润达到70万元。针对C端用户的“发动机润滑油保养卡”体系已于2019年5月开始推广，主要地区为云南省昆明、普洱、西双版纳，目前已卖出1 100张保养卡，销售额约为37万元，利润达到6万元。已搭建网约车出租车专用润滑油微信公众号、微博、A1－ONE小程序等推广平台。预计在未来通过降低网约车成本，能带动北京地区0.8万待业人员就业，能提升昆明、普洱、西双版纳等地约19%的待业人员就业。

二、团队成员简介

郭安：北京联合大学管理学院电子商务专业2016级本科生。

韩超：公司战略合伙人，润纳普（北京）石油化工有限公司总经理，华润捷集团董事。

虞晓旭：北京联合大学管理学院电子商务专业2017级本科生。

白欣悦：北京联合大学管理学院电子商务专业2017级本科生。

柏荷：北京联合大学管理学院电子商务专业2017级本科生。

曲润华：北京联合大学管理学院金融专业2016级本科生。

王晓红（指导教师）：北京联合大学管理学院电子商务专业教师，硕士，教授。主持和参与各类科研和教研项目10余项；以第一作者身份发表论文30余篇；主编“十二五”职业教育国家规划教材1部、普通高等教育“十一五”国家级规划教材2部。

田玲（指导教师）：北京联合大学管理学院信息管理与电子商务专业教师，博士，副教授，北京市中青年骨干教师，“双师型”素质教师，学生课外活动优秀指导老师。

三、项目策划书概要

（一）项目介绍

1. 项目名称

强动力低功耗网约车出租车专用润滑油。

2. 项目背景

（1）汽车用润滑油消费量增大

每辆汽车行驶5000～7000千米就需要更换一次润滑油，作为一种必需的消费品，润滑油的需求量随着汽车保有量的变化而同向变化。据研究，汽车保有量和润滑油消耗量的相关系数高达0.984。目前中国汽车保有量在快速增长，在全球经济低迷的背景下，我国汽车行业仍实现了增长，2017年我国汽车销量超过2 600万辆。汽车用润滑油市场规模自然随之扩大。另外，我国汽车保有量仍有巨大潜力，因此国内汽车用润滑油市场同样拥有巨大的增长潜力。

（2）新业态提升就业率

网约车行业发展空间较大，网约车用户规模及使用率如图12－1所示。中国新就业形态研究中心、首都经济贸易大学劳动经济学院发布《新就业高质量——中国新就业形态就业质量研究报告》显示：高质量的新就业形态成为越来越多人的就业选择，也成为他们维持生计、补贴家用、改善生活的重要收入来源；2018年6月至2019年5月，共有9 315万人通过网约车获得收入，比上年同期增加1 249万人。新业态创造了极大的岗位增量，对提升劳动生产率、降低失业率作用显著。

网约车行业的发展使得更多人群获得就业机会，在网约车司机用户选择网约车行业工作的因素中，超过60%的用户选择网约车是由于工作环境舒适；50%以上的用户选择网约车是由于工作时间自由；30%以上的用户选择网约车是因为工作满意度高，具有成就感；有20.7%的用户选择网约车是因为其较以前工作薪酬高；由于网约车竞争激烈，仅14.9%的用户选

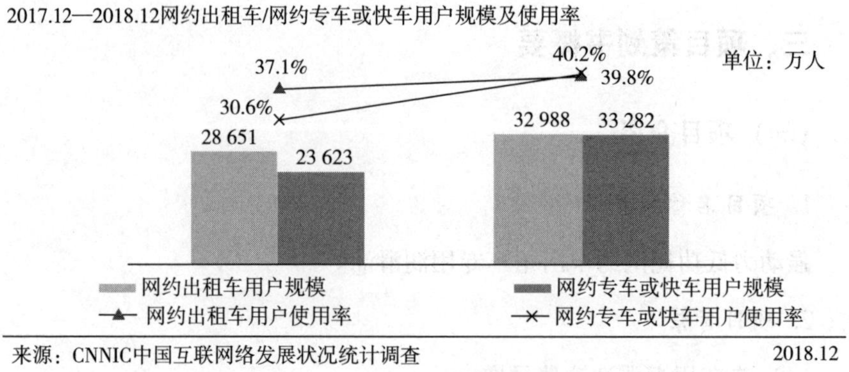

图 12－1　网约车用户规模及使用率

择工作强度低。

（3）网约车存在的问题

根据调研了解到，保养成本高、耗油量大、利润低，是车主退出网约车出租车的原因。网约车出租车为节约成本使用杂牌润滑油，从而使发动机出现进一步磨损、保养频率变高、成本变高、耗油量提高等问题。

作为网约车出租车司机，他们是否能赚钱的影响因素之一就是所用汽车是否省油，网约车和出租车驾驶者愈加在乎动力本钱，这项开支在滴滴平台上面占到司机总成本的20%～25%。高昂的保养成本让网约车出租车司机越来越难以接受，网约车行业急需解决网约车保养成本高、耗油高、积碳高、怠速抖动等问题。

3. 创新及特色

（1）产品特色

北京享瞰科技有限公司采用 CRT 调和技术以及 CRT 清洁剂，根据三大车系的特点调配合成出强动力低功耗的网约车出租车专用系列润滑油。

（2）营销模式特色

北京享瞰科技有限公司负责网约车出租车专用系列润滑油的销售推广工作，营销模式创新分为线上和线下两种，如图 12－2 所示。

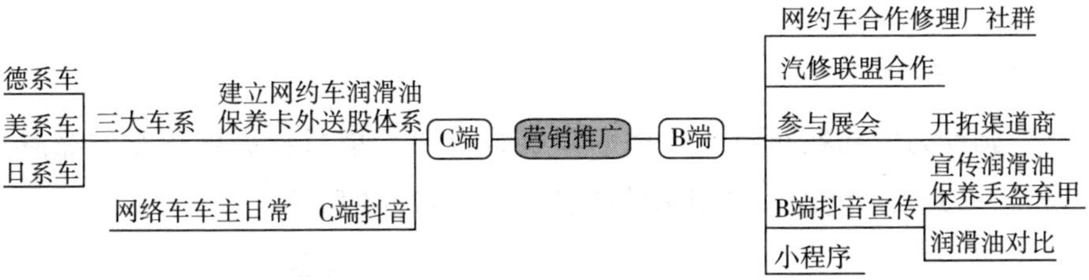

图12－2　网约车出租车专用系列润滑油营销推广

• 针对B端

①建立“网约车汽修厂联盟”微信群。将合作网约车出租车修理厂统一建群，定期在群内普及润滑油相关知识，了解相关网约车出租车保养体系，并将合作的网约车出租车修理厂加入小程序体系中，从而配合发动机润滑油保养卡打造完整体系，在微信社群中逐渐推广网约车出租车专用系列润滑油产品，最终在未来达到一个完整的网约车出租车后端供应链。

②建立展会，与地方批发商进行相应合作，与地方汽修联盟、与网约车联盟进行合作，将网约车出租车专用系列润滑油切入进去，以便对专用润滑油系列产品进行更广泛的推广。

③建立B端抖音公众号。主要宣传网约车出租车专用系列润滑油保养过程，以及合作修理厂反馈等小视频。

• 针对C端

①建立网约车“发动机润滑油保养卡”体系，建立A1－ONE小程序和公众号，用以让网约车出租车车主在小程序上快速查找合作网约车修理厂，然后购买润滑油保养电子卡，即可去最近的店铺进行保养，润滑油保养卡统一售价，可以让网约车出租车司机节省自己拿润滑油保养的时间，以及杜绝修理厂、4S店乱开价乱售卖等行为。

②建立抖音、微视相关工作号，打造网约车出租车车主日常系列和润滑油保养系列视频，通过抖音、微视更好地对网约车出租车专用系列润滑油进行宣传，同时也更好地普及润滑油相关产品。

（二）市场分析

1. 市场定位

“强动力低功耗网约车出租车专用润滑油”项目依据网约车的品牌，分析了三大系列网约车出租车的特点，如图 12 -3 所示。

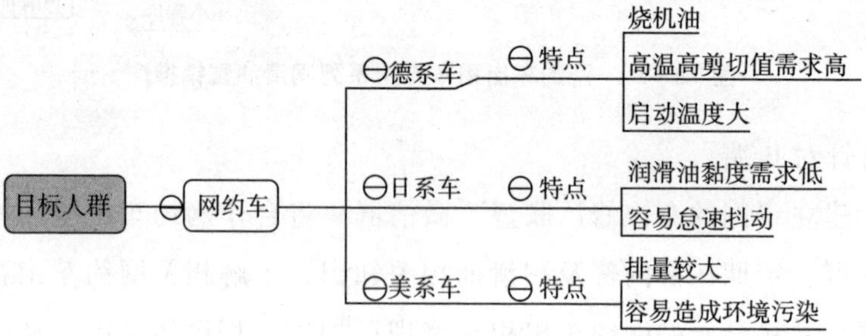

图 12 -3　三大网约车系列的特点

（1）德系网约车出租车

以涡轮发动机（T）为主，涡轮发动机最大的问题就是油耗大，对于润滑油的高温高剪切值需求高，并且启动温度较大，需要发动机黏度较大。

（2）日系网约车出租车

以直喷发动机、自然吸气发动机为主，日系车发动机结构紧密，容易怠速抖动，需要发动机黏度较小。

（3）美系网约车出租车

排量较大，容易造成环境污染，以自然吸气大排量为主，但网约车较少。

针对网约车出租车的特点及目前存在的问题，北京享瞰科技有限公司联合润纳普（北京）石油化工有限公司，采用“CRT 调和技术”合成出适合于三大车系的网约车出租车专用的系列润滑油，该系列润滑油性价比高，能够降低油耗，从而降低网约车司机动力成本。北京享瞰科技有限公司负责网约车出租车专用系列润滑油的销售推广工作，“强动力低功耗网约车出租车专用润滑油”项目运营流程如图 12 -4 所示，框内是北京享瞰科技有限公司主要业务范围。

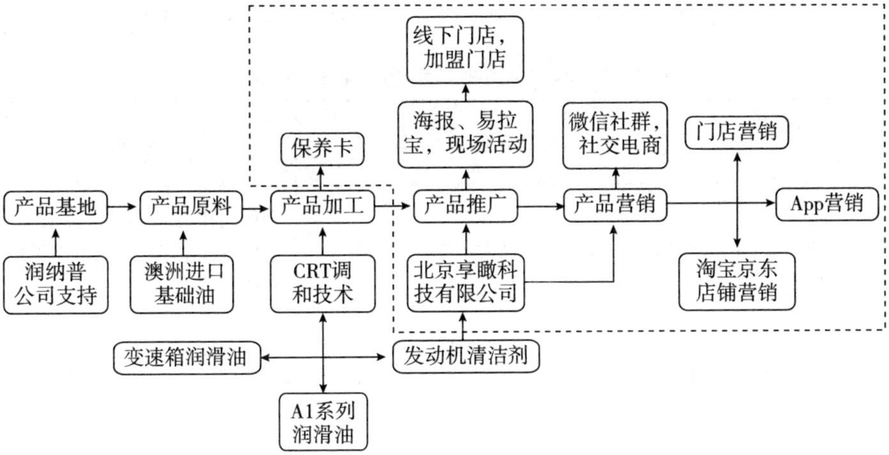

图12－4　网约车出租车专用润滑油项目运营流程图

2. 消费者调查

为更了解被调查者购买网约车出租车专用润滑油的原因、目的等，特对西南地区网约车出租车人群进行相关产品的调查。调查显示：67%的被调查者购买网约车出租车专用润滑油的原因是性价比较高，23%的调查者购买的目的是追求提升发动机动力，减少积碳发生，近10%的调查者购买的目的是因为好奇。网约车出租车专用系列润滑油的“绿色、全面润滑，提升动力”的产品定位与消费者的需求和追求一致。

调查数据中也反映出消费者对产品的需求，消费者对于网约车出租车专用系列润滑油能提供效果的期望方面，选择提升发动机动力和预防烧机油的效果分别占到67%和66.7%，而选择预防怠速抖动和延长发动机寿命也分别占到50%和40.7%，低温启动性占31.5%。网约车出租车专用系列润滑油产品刚好也具有高温高剪切值、氧化稳定性等的效果，所以北京享瞰科技有限公司将继续发展这些优势，并且不断在此基础上进行创新。

3. 竞争优势分析

网约车出租车专用润滑油的氧化稳定系数、蒸发系数、高温高剪切值都要比同行业的润滑油高很多，与之对应的竞品主要有巴斯特、埃克森美孚、荷兰皇家壳牌、嘉实多等品牌。竞争对手分析如表 12－1 所示。

表 12－1　网约车出租车专用润滑油的竞品分析

优劣势 / 品牌	优势分析	劣势分析
巴斯特	绿色环保，清洁，提升动力，节能	合作门店普及率低，高温高剪切值较低，并未达到 ACEA 认证
埃克森美孚	在发动机内不易裂变，换油周期比较长，经济性比较高。美孚一号独有的运动性能表现也是非常之高	市面上假机油较多，并且国行垄断价格过高
荷兰皇家壳牌	百年品牌，壳牌机油最突出的优点是其清洗功效，能很好地去除油泥和积碳，让发动机始终在良好的环境中工作	市面上假机油过多，高温高剪切值不高，容易烧机油
A1 专用系列	网约车出租车专用润滑油，具有良好的蒸发稳定性、氧化稳定性、低温启动性和较高的高温高剪切值，能有效降低油耗	大众了解度不高，覆盖率低，合作方较少，宣传度不高

网约车出租车专用润滑采用澳洲进口合成基础油，同时配以独有的 CRT 添加剂调制而成。其优点是极低的蒸发损失，避免非正常油耗；超强的抗高温高剪切性能，确保高温润滑；极佳高低温氧化安全性，油品性能稳定、寿命长；优异的清净分散性，确保润滑系统无油泥积碳；优异的抗磨能力，提供极佳的润滑保护，延长发动机寿命。

4. 商业模式

北京享瞰科技有限公司通过新业态服务，根据网约车出租车车主需求，采用线上线下整合营销的方式进行推广销售，通过搭建“网约车汽修厂联盟”微信群和网约车出租车专用润滑油小程序，全力打造润滑油保养卡使用体系。项目可降低网约车出租车车主动力成本，带动待业人员就业，整合利用资源及市场反馈，运用品牌战略，逐步树立强动力低功耗网约车出租车专用润滑油的品牌形象，最终带动网约车出租车车主就业，提高其收入水平。

（1）盈利模式

北京享瞰科技有限公司目前已经上新的产品有A1一号润滑油、A1驰润润滑油和A1捷润润滑油，面向网约车出租车销售人群。产品目前盈利方法分为两种，分别是发动机润滑油保养卡和润滑油。其中发动机润滑油保养卡是主要营业产品，保养卡分为两档：309元档成本160元，可以进行两次保养，459元档成本320元，可以进行四次保养。润滑油单桶成本和销售价格如下：

A1一号，售价为140元，成本80元。

A1驰润，售价为130元，成本68元。

A1捷润，售价为128元，成本62元。

北京享瞰科技有限公司与德国汉格斯特达成相关合作，将汉格斯特机滤、空滤加入发动机润滑油保养卡体系中，并且每个润滑油保养卡对工人工时进行20元补贴，从而让网约车出租车车主在保养过程中减免20元工人工时费用。

（2）企业合作

已达成合作企业（单位）包括北京驭宝行、路翔6S店、惠通陆华4S店、普洱邦龙、普洱普悦名车、普洱乾元车行等网约车出租车合作修理厂。

与润纳普（北京）石油化工有限公司合作，该公司对北京享瞰科技有限公司提供唯一授权。

北京享瞰科技有限公司以主办方的身份联合张家口学院举办高能杯创业比赛，其中以发动机润滑油项目为企业题目。

与云南汽车维修行业协会建立合作关系，对接服务网约车出租车西南业态模式，通过汽修协会更好地切入网约车出租车合作点，销售线上A1发动机润滑油保养卡，以及线下相关维修服务。

（3）A1润滑油对行业产生的价值

A1一号润滑油，能够减少发动机磨损成本，提升德系车涡轮发动机动力并减少油耗，并且高闪点润滑油能够减少烧机油情况，德系车每周期保养为6L，并且A1一号的保养里程为8 000公里，从而能够给德系网约车出租车司机节省20%动力成本。

A1驰润润滑油，黏度系数较低，能够满足日系发动机结构，A1驰润保养里程为8 000公里，并且拥有吸附技术，能够更好地提升发动机动力，日系车每周期保养为4L，因日系车专用润滑油成本较高，从而给日系车网约车出租车司机节省25%的动力成本。

A1捷润润滑油，GF－5认证能够满足美系车高排量环保需求，并且A1捷润润滑油保养里程为7 500公里，美系车周期保养为5L，从而给美系车网约车出租车司机节省18%的动力成本。

（三）产品设计与特点

1. 产品设计

项目根据汽车品牌划分为三大车系：德系、美系、日系，并从中划分为涡轮发动机、直喷发动机、自然吸气发动机三大发动机。据此开发出强动力低功耗的网约车出租车专用润滑油，详细信息见表12－2。

表12－2　网约车出租车专用润滑油产品定义

目录 型号	目标消费者	产品定义	特点	型号
A1一号	网约出租德系车专用润滑油	全合成和半合成润滑油	高闪点，能减少涡轮发动机烧机油情况，高性价比	0W－40 5W－40
A1驰润	网约出租日系车专用润滑油	半合成机油	清除积碳，黏度较低	0W－20 5W－30
A1捷润	网约出租美系车专用润滑油	半合成润滑油	环保，降低油耗，高性价比	5W－30 5W－40

2. 产品特点

（1）进口优质基础油配以独有的CRT添加剂及调和基础

润纳普（北京）石油化工有限公司特别设计的黏度特性及高效的摩擦

改进剂将内部发动机摩擦损失降到最低，延长发动机使用寿命，同时降低燃料的消耗量。实现各种温度下的抗磨损，极佳的剪切稳定性以及高速、高温传动条件下的最大磨损保护，快速、高效润滑油膜保护。网约车出租车专用润滑油与其他国际品牌性能对比如图 12－5 所示。

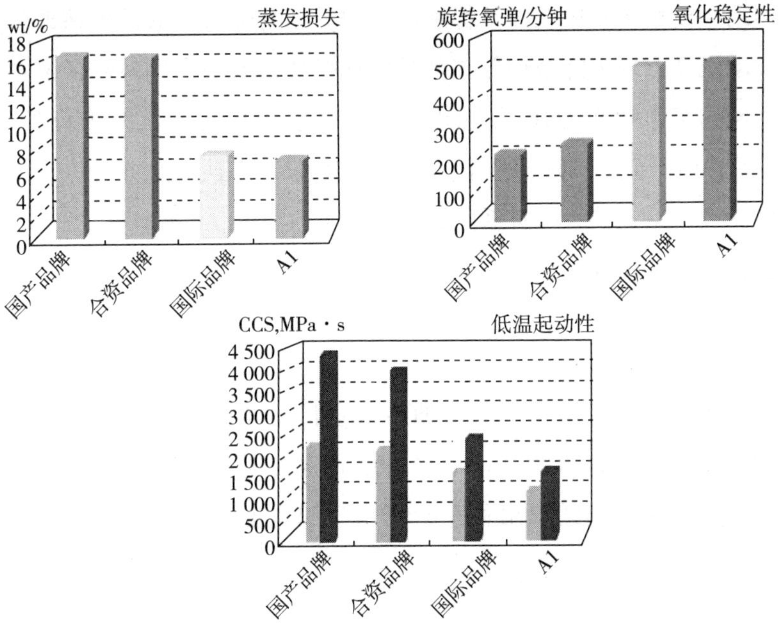

图 12－5　网约车出租车专用润滑油与其他国际品牌性能对比

（2）卓越的清净分散性能

网约车出租车专用润滑油采用国外进口的澳洲基础润滑油，以及清净分散剂，具有优异的分散性，不仅有高温清净作用，能将摩擦产生的沉积物清洗下来，保持摩擦清洁，而且有良好的低温分散性，能阻止颗粒物积聚和沉积，即防止润滑油失效，还有很好地养护车辆设备的作用，会使发动机寿命更长久。

网约车出租车专用润滑油特有的优异清净分散性能，能抑制氧化胶状物和积碳的生产，并能将其悬浮在油中，使其不易沉积在润滑机件上。并且将沉积在机件上的沉积物洗涤下来，悬浮在油中，最后通过滤清器把它除掉，能够减少活塞上漆膜和积碳的生成。

网约车出租车专用润滑油能够快速清洁、分散积碳，对于因积碳引起的磨损保护是其他普通机油要求的两倍，大大减少由积碳引起的磨损所导致的动力下降，有效地控制机油损耗。

（3）低摩擦、省燃油、强动力、无油泥

网约车出租车专用润滑油特别设计的黏度特性及高效的摩擦改进剂将内部发动机摩擦损失降至最低，延长发动机使用寿命，同时降低燃料的消耗量。网约车出租车专用系列润滑油均满足 SAE 美国汽车工程师学会、API 美国石油协会、国际润滑油标准委员会 GF－3 认证，并且三个系列产品分别满足德系、美系、日系网约车出租车的需求。

（四）营销推广

1. 宣传册推广

网约车出租车专用系列润滑油产品宣传册整体以绿色、赛车、发动机等为主要的背景，目的是让消费者拿到宣传册就有一种绿色、高端的感觉，从而产生对网约车出租车专用系列润滑油产品的信任。宣传册共 6 页。

2. 润滑油保养卡推广

北京享瞰科技有限公司从实际情况出发，根据不同的阶段、不同的消费者需求，采取不同的定价方法。第一阶段因公司缺乏营销网络，为初创企业，可借助其他有营销渠道的企业作为产品代理商，产品采取成本定价法；第二阶段采取终端定价法，公司从收入中提取一定比例返还给经销商，通过返利形式，来激励和控制经销商，稳定销售渠道。

在具体的产品定价方面，将主要根据调查数据和产品的成本来进行，其中从调查数据中得出发动机润滑油保养卡的价位主要趋向于 309 元和 459 元两个价位，分别占比 37.96% 和 46.3%；保养卡保养次数主要趋向于 2 ~4 次，故 A1 一号润滑油的价格定位可以放在 309 元和 459 元两个价位，保养次数趋向于 2 ~4 次，根据后期产品的成本再进一步确定发动机润滑油保养卡的价格。

3. 网络推广

采用整合营销模式。公司实行线上线下整合营销推广模式，以C端网约车出租车三大车系车主及B端网约车合作修理店为对象，以网络代销、开办网店、网络营销、专卖店人员促销、品牌促销、借势营销等为手段，以客观反映消费者需求为基础，达到推广销售专用系列润滑油产品的目的。

调查显示，在网约车出租车专用系列润滑油的获取途径中，46.3%的人选择到实体店（或网店）获取，与现在普遍的消费方式相符。视情况而定的人占比也比较大，自己前往合作修理厂购买的人占到18.52%。因此公司将采用社群营销方式，通过实体店和网店进行专用系列润滑油及附属产品的宣传和销售。项目制订了如下的网络推广计划。

（1）微信社群营销

通过联合线下网约车合作修理厂厂商，搭建线上微信社群，定期进行润滑油保养知识讲解，以及相关网约车出租车专用系列润滑油调研反馈，并用以进行专用润滑油后续产品推广，目前修理厂商群有39人，主要以云南地区和北京地区网约车合作修理厂厂商为主。主要推广产品为发动机润滑油保养卡，公司产品本着“绿色，全面润滑，性价比高”的主题，发动机润滑油保养卡（包含着A1一号、A1捷润、A1驰润三款润滑油选择）针对网约车出租车不同车系车主、合作修理厂进行对应使用及推广；通过社群粉丝进行宣传，从而从社群推广向大众推广进行裂变。

（2）社交电商营销

网约车出租车司机用户购买发动机润滑油保养卡后即可成为会员，随即加入微信9折群，通过了解分享的润滑油保养知识能够正确地进行润滑油保养，同时线上用户社群也变为分享交流购买社群，通过润滑油相关话题来带动微信群的活跃度，举办“拉人进群享福利”活动，通过邀请身边用户进群，可以享受优惠。每拉一个人进群并消费，返还消费的10%，并且下次消费减免50元，可以叠加；当邀请人数超过10人时，可以自动获得代理资格，返点15%。同时配合宣传集赞活动，用户分享至朋友圈，集

50 个赞减免 50 元，集 100 个赞减免 150 元。

（3）小程序搭建

建立 A1 – ONE 小程序，当社群用户购买发动机润滑油保养卡时，可以去就近的合作门店进行保养，如距离较远则由附近的门店进行快递发送，运费由北京享瞰科技有限公司承担，同时在用户社群也建立代理机制，进行利润分成。让用户也参与售卖，进行提点，从而达到两个社群的双向导流。具体代理分级机制如表 12 – 3 所示。

表 12 – 3 代理分级机制

代理类型	加盟条件	返点（每张卡）	其他福利
C 类代理	售卖 20 ~ 35 张保养卡	8%	节假日礼物
B 类代理	售卖 36 ~ 60 张保养卡	12%	节假日礼物、免费线上润滑油知识讲座
A 类代理	售卖 61 张及以上保养卡	15%	节假日礼物、免费培训、免费线上 + 线下润滑油知识讲座

（4）公众号营销

A1 – ONE 团队建立了微信公众号、微信群进行强动力低功耗网约车出租车专用润滑油的推广营销。微信公众号现已推文 13 篇，主要以公司产品的推广营销为主，以介绍公司日常活动和润滑油保养相关资讯的小课堂为辅，巩固微信公众号粉丝人数，吸引更多粉丝加入。

（5）微博营销

通过微博可以把网约车出租车专用系列润滑油产品信息广泛地传递给粉丝和潜在粉丝。而且微博会依据粉丝属性和社交关系将信息精准地投放给目标人群，粉丝转发、评论、收藏、点赞等，都能很好地推广专用润滑油和增加粉丝人数。专用润滑油微博当时仅创建不到一个月的时间，相继发出多篇文章，粉丝数量发展到 2 000 多人。越来越多的关注就会使项目的产品走向大众，使大众从熟知到认可，再走向市场。

（五）运营数据

1. 推广进展

公司已与佳耀集团合作，在其实体店中推广销售网约车出租车专用系列润滑油，并在云南普洱、西双版纳等地的网约车合作修理厂进行摆放。以赞助商的身份支持汽车拉力赛。2018 年 5 月张家口三所高校（张家口学院、河北建筑大学、河北北方学院）联合举办了推广销售竞赛（以专用发动机润滑油为赞助）。与北京润滑油销售公司达成渠道商合作。与西南滴滴代运营公司达成合作协议，致力于拓展西南滴滴网约车出租车市场。初步搭建 A1 - ONE 小程序模板，建立线上网约车合作修理厂微信群，并建立了抖音号，推广润滑油保养知识。

2. 运营数据

截至 2019 年 5 月 31 日总计售卖 210 万元的专用发动机润滑油，在 2019 年 5 月到 6 月售卖 37 万元的发动机润滑油保养卡。

（1）A1 - ONE 系列润滑油销售

从 2018 年 6 月开始进行网约车出租车专用系列润滑油推广，截至 2019 年 5 月已经售卖约 15 000 桶网约车出租车专用系列润滑油，总销售额约达到 210 万元，其中主要销售额来自发动机润滑油保养卡和润滑油单桶售卖。相关数据见表 12 - 4。

表 12 - 4　网约车出租车专用系列润滑油销售情况

产品	A1 一号	A1 驰润	A1 捷润
销售量	6 946 桶	4 658 桶	4 148 桶
产品销售单价	140 元	130 元	128 元
年销售收入	972 440 元	605 540 元	530 944 元

（2）上线 A1 发动机润滑油保养卡售卖

北京享瞰科技有限公司于 2019 年 5 月上线润滑油保养卡，在昆明、普洱、西双版纳等地进行销售，至今已经售卖约 1 100 张润滑油保养卡。发动机润滑油保养卡销售情况见表 12 - 5。

表 12－5　发动机润滑油保养卡销售情况

润滑油保养卡/地区	昆明	普洱	西双版纳
销售量	593 张	249 张	322 张
产品销售单价	309 元	309 元	309 元
产品销售额	183 237 元	76 941 元	99 498 元

在 2018—2019 年，已经和云南昆明滴滴代运营、路翔 6S 店、普洱乾元车行、普洱普悦名车、普洱邦龙，北京驭宝行、车友邦，签订网约车出租车专用系列润滑油合作协议。2019 年 5 月成功与德国 BAE 公司达成合作，在其德国区域推广网约车出租车专用系列润滑油。2019 年 6 月成功与美国加州公司签订网约车出租车专用系列润滑油合作协议，2019 年 10 月开始推广 UBER 加州网约车司机专用润滑油保养。

（3）预计带动就业情况

网约车出租车专用系列润滑油因低油耗，预计将带动 25% 的网约车出租车车主加入，昆明现有网约车出租车车主为 4. 3 万人，普洱约有 0. 8 万网约车出租车车主，西双版纳约有 3. 4 万网约车出租车车主。网约车出租车专用系列润滑油能够降低 20% 的动力成本，预计能够促使 19% 的待业人员加入网约车体系。而北京网约车出租车目前有 6. 3 万辆，因网约车出租车政策原因，预计能够解决 0. 8 万待业人员就业。

（六）风险与对策

1. 管理风险及解决措施

（1）管理者方面：首先要加强领导者自身的品德修养，从而增强企业凝聚力和激励力，同时着力弥补其他方面如资源劣势等方面的不足，提升管理的效率和效果；同时要扩展知识，对技术创新涉及的知识方法等有一定程度的理解；管理人员尤其要注重协作沟通能力的提高，培养管理创新意识和创新能力。

（2）组织结构方面：应在组织效率和灵活性上充分发挥自身先天优势；积极利用多种渠道与社会组织加强内外信息沟通和交流；注重知识经

验的有效识别和积累，加强企业知识管理，建立知识储备库；扩大企业开放程度，利用各种社会力量，与高校、科研院所建立密切关系，增强组织对创新方向的把握。

（3）企业文化方面：要致力于良好的企业文化的培养，除了凝聚力、向心力的形成和培养，还应该塑造创新精神和团队精神，真正把创新作为企业生存和发展的根本所在，树立朝气蓬勃、齐心向上的企业精神，为一切创新活动创造良好的环境。

（4）管理过程方面：应该遵循技术创新管理的科学性，减少管理人员的随意性。

2. 市场风险及解决措施

消费者的需求变动和竞争对手的行为是项目面临的市场风险，虽有很大的困难，但企业要达到引导和控制市场需求的目的，就应该尽量改进产品质量、开发新产品、降低成本，避免价格战。

3. 政策风险及对策

国家政策、法规的变动也是造成企业风险的主要因素。时刻关注、跟随政策大方向，及时跟合作企业沟通，保证正确的导向。

4. 财务风险及解决对策

项目面临的财务风险包括无力偿还债务、利率变动和再筹资风险。建立财务预警分析指标体系，防范财务风险。产生财务危机的根本原因是财务风险处理不当，因此，防范财务风险，建立和完善财务预警系统尤其必要。

（七）项目展望

1. 前期发展目标

本项目前期主打西南地区和北京地区网约车合作修理厂，目标主要集中于产品推广和宣传正确保养知识，在2018年1月网约车出租车专用系列润滑油产品已经上市，在2019年5月发动机润滑油保养卡上市推广，搭建客户社群期间主要通过线下陌生人拜访、电话销售、传统地推的方式进行网约车出租车专用系列润滑油的营销推广，寻找合作商和加盟商，线上进行修理厂商微信群搭建，以及宣传正确使用润滑油保养的知识。

2. 中期发展目标

项目将开拓南方市场，同时搭建 A1 - ONE 小程序，结合修理厂商微信群和客户微信群进行移植，A1 - ONE 小程序主要售卖保养卡和显示附近的合作商铺位置，同时搭建并宣传品牌文化。开通抖音、微信公众号进行保养知识宣传并发布网约车司机日常生活小视频，依托互联网大背景，以网络营销、线下推广及开办淘宝网店、网络代销等为手段，进行更好的线上销售。

3. 后期发展目标

后期将更多地举办或冠名汽车拉力赛、跑车比赛等，拓展高端汽车、跑车市场。将网约车出租车专用系列润滑油打造成从低端汽车到高端跑车都能使用的一系列产品。同时配合提炼品牌价值，打造爆品。